다시, 문화콘텐츠

성공하는 콘텐츠의 비밀

안채린 지음

도서출판 해남

다시, 문화콘텐츠

초판1쇄 인쇄 2023년 2월 6일
초판1쇄 발행 2023년 2월 10일

저 자 안채린
발행인 노현철
발행처 도서출판 해남

출판등록 1995. 5. 10 제 1-1885호
주 소 서울특별시 마포구 마포대로8길 9 영명빌딩 405호
전 화 739-4822 **팩스** 720-4823
이 메 일 haenamin30@naver.com
홈페이지 www.hpub.co.kr

ISBN 978-89-6238-173-3 03330

머리말

"그래서, 문화콘텐츠가 구체적으로 뭐예요?"

문화콘텐츠학과에 재직하고 있다는 이야기를 할 때 가장 자주 듣는 질문 중 하나다. 정말 많은 이들이 문화콘텐츠에 대해 이야기하는 시대이다. 국가의 미래 먹거리가 문화콘텐츠에 달려 있다는 주장을 듣는 것도 이젠 익숙하다.

'우리 지역을 대표하는 문화콘텐츠가 필요해!'라는 표현을 들으면 어렴풋하긴 해도 그게 대략적으로 무슨 뜻인지 누구나 이해를 할 것이다. 그런데 그 문화콘텐츠가 '무엇'이냐고 물을 때에는 왜 대답하기가 쉽지 않은 것일까? 문화콘텐츠학과 학생들도 곤란하기는 마찬가지다. 명절날 친지들에게 '문화콘텐츠학과'를 다닌다고 이야기하면 뒤따라 붙는 질문은 언제나 '구체적으로 뭘 배워?'라고 한다.

이처럼 많은 이들이 문화콘텐츠에 대한 '구체적인' 설명을 원한다. 이는 곧 많은 이들이 '문화콘텐츠'라는 개념을 어렴풋하게는 이해하지만 구체적으로 무엇을 뜻하는지는 모른다는 의미이기도 하다.

2021년 여름, 케이블 채널 EduTV의 〈공감〉이라는 프로그램에서 '문화콘텐츠는 무엇인가'라는 주제로 4회의 TV 강연을 한 적이 있다. 수업시간에 학생들에게 좀 더 쉽게 문화콘텐츠의 개념을 설명해 주기 위해서 모았던 강의 자료들을 활용하여 강연을 진행하였었다. 이후 유투브에 강연 전체가 공개되었는데, 그 뒤로 재밌는 일들이 많아졌다. 전공 학생들이 아니라면 크게 관심이 없을 것이라고 생각하였던 문화콘텐츠의 개념에 대해 특강을 해달라는 요청들을 꽤 자주 받게 되었던 것이다.

하루는 경남 김해시에 위치한 한 고등학교 사회 선생님의 이메일을 받기도 하였다. 수업 시간에 늘 이야기하는 '문화'라는 개념에 대해 다시 생각해 보는 계기가 되었다는 고마운 말씀에 더해 학생들을 위한 특강을 부탁하셨다. 설레는 마음으로 미래의 문화콘텐츠 산업의 주역들을 만났고, 그곳에서 만난 몇몇의 학생들과는 지금도 연락을 주고받으며 진로에 대한 상담을 하고는 한다.

내가 지난 1년간 경험한 일련의 일들은 그 자체로 '문화콘텐츠'의 영향력을 보여 준다. 하나의 콘텐츠를 중심으로 사람들이 모여들고 소통이 이루어지기 시작하면 그곳에서는 새로운 문화와

콘텐츠가 또다시 태동하게 된다. 이 책도 그러한 과정에서 기획되었다.

한국의 수많은 콘텐츠들이 K-Culture의 이름으로 부상하고 있는 데에는 어떤 이유가 있는 것일까? 화려한 미사여구보다 몇 가지 문화콘텐츠의 본질적 요소들만으로 충분히 설명이 가능하다는 것을 이 책에 담고자 하였다. 문화적 요소를 적절히 활용해서 제품과 서비스의 가치를 높이려는 수많은 시도들이 있지만 매번 성공하지는 않는다. 문화콘텐츠의 본질에 대한 부족한 이해가 한 몫을 하고 있다고 생각한다. 부디 이 책을 통해 보다 많은 이들이 '문화콘텐츠'의 본질을 이용하고, 활용하는 방법을 알게 되기를 바란다. 그렇다면 세계 시장의 중심에 우뚝 선 한국 콘텐츠의 저력과 가능성을 다시금 들여다보게 될 것이다.

지난 연말, 따뜻한 시선으로 초고를 읽어보아 주시고 출간을 결정해 주신 도서출판 해남의 노현철 대표님께 깊이 감사드린다. 항상 응원해 주시는 부모님과 남편, 그리고 빛나는 이안에게도 사랑을 전한다.

2023년 1월

연구실에서

차례

01

문화콘텐츠의 이해

1. 문화콘텐츠의 새로운 정의
2. 상품으로서의 문화콘텐츠
3. 놀이로서의 문화콘텐츠
4. 왜 문화콘텐츠인가?

1. 문화콘텐츠의 새로운 정의

기존의 문화를 반영하고, 새로운 문화를 만들어 낸다

우리에게 문화콘텐츠라는 표현은 정말 익숙하다. 관련 업계에서 일을 하거나 전공을 하지 않더라도 '문화콘텐츠' 하면 대략적으로 어떤 것이겠구나 짐작이 될 것이다. 아마도 최근 세계적 관심을 받고 있는 〈방탄소년단〉이나 〈오징어 게임〉, 〈기생충〉과 같은 한국 문화콘텐츠들을 떠올릴 것이다.

하지만 막상 문화콘텐츠가 정확히 무엇이냐는 질문에는 대답하기가 쉽지 않다. 문화콘텐츠라는 것은 구체적으로 무엇을 의미할까? 왜 그렇게 많은 이들이 무엇인지 알면서도, 무엇이라고 답하기 어려워할까?

문화콘텐츠는 보이는 그대로 '문화'라는 단어와 '콘텐츠'라는 단어가 합쳐진 합성어다. 하지만 두 단어 모두 간단히 설명하기가 쉽지 않은 단어들이다. 먼저 '문화'의 의미를 살펴보자.

사람들이 모여야 만들어지는 생활 양식으로서의 문화

문화라는 단어의 어원으로 거슬러 올라가 보자. 문화(culture)는 라틴어 'colore'에서 파생된 단어다. 농작물을 경작하거나 재배한다는 뜻이라고 알려져 있다. 이후 culture는 인격, 학문의 활용, 기술 향상 등의 뜻으로 확장되었다. 여기서 중요한 것은 문화는 언제나 '인간의 활동'에 대한 것이었다는 점이다.

재배와 경작을 예로 들어 보자. 가만히 두면 타고난 방식대로 살아갈 자연에 인간이 다가가 농사를 짓기 시작하였다. 땅을 갈고, 씨를 뿌리고, 물을 주고, 때로는 비료도 뿌렸을 것이다. 계속 농사를 짓다 보면 어떻게 해야 농작물이 더 잘 자라고 잡초가 나지 않게 하는지 알게 되고, 인간들에게는 농사에 대한 지식과 노하우가 쌓이게 된다. 경험을 통해 알게 된 지식과 노하우를 보다 많은 사람들이 따라하게 되면 자연스레 '농경 문화'가 생기게 되는 것이다.

이처럼 문화라는 것은 많은 사람들이 모여서 같은 생활 양식을 공유하고 실천해 나가는 과정에서 만들어진다. 이를 '생활 양식으로서의 문화'라고 한다. 지역 문화, 한국 문화, 선거 문화 등의 표현에서 말하는 '문화'가 바로 그것이다. 생활 양식으로서의 문화 개념은 인간이 특정 사회에서 생각하고 행동하고 교류하는 방식이다. 누구나 자연스럽게 특정 사회 속에서 살아가다 보면 알게 되고 습득하게 된다.

세계 각국의 화장실 문화를 예로 들어 볼 수 있다. 휴지를 쓰는 것이 당연하게 여겨지는 곳도 있지만 물을 사용해서 뒤처리를 하는 것이 자연스러운 나라도 있다. 화장실 바닥에 카펫이 깔려 있는 나라가 있는가 하면, 칸막이 없이 여러 사람들이 동시에 공중화장실을 쓰게 되어 있는 나라도 있다. 자신이 속한 사회의 문화는 구성원들에게 매우 자연스럽게 느껴지지만, 그렇지 않은 나라의 문화는 어색하게 느껴진다. 그래서 같은 문화를 공유하고 있는 사람들은 서로를 이해하고 쉽게 결속할 수 있게 되는 것이다.

영국 가수 스팅의 〈잉글리시맨 인 뉴욕〉(Englishman in Newyork)이라는 노래 가사에서도 문화 차이에 대해 생각해 볼 수 있는 구절이 있다.

I don't drink coffee, I take tea, my dear.
난 커피가 아니라 차를 마시죠.
I like my toast done on one side.
토스트는 한쪽만 익힌 게 좋아요.
And you can hear it in my accent when I talk
내 발음을 들어서 알겠지만
I'm an Englishman in New York.
난 뉴욕에 온 영국 사람입니다.

가사에는 영국과 미국의 서로 다른 음식 문화가 담겨 있다. 특정 사회의 문화는 그 속에서 살아가는 이들에게는 너무나 자연스럽게 여겨지기에 원래부터 그랬던 것처럼 느껴지곤 한다. 하지만 사람들이 모여서 만들어진 문화는 후천적으로 학습하게 되는 것으로, 같은 문화를 공유하는 사람들이 어떤 방식으로 실천하느냐에 따라 지속해서 변해 가게 된다.

고정된 형태가 없는 내용물로서의 콘텐츠

반면 '콘텐츠'는 기술적 용어로, '문화'에 비해 상대적으로 정

문화콘텐츠와 장르의 개념

콘텐츠(스토리 원형)

특정 형태의 용기(장르)

의하기가 쉽다. 콘텐츠는 영어 단어로 content, 즉 내용물이라는 뜻인데 전달 형태가 정해지지 않은 스토리라고 생각해도 무방하다. 물리적으로는 스스로 형태가 갖추어지지 않는 액체에 가까운 형태를 상상하면 이해가 쉬울 것이다.

예를 들어 웹툰의 형태로 처음 사랑을 받았던 〈신과 함께〉는 이후 영화로 만들어진 뒤에도 큰 성공을 거두고, 속편까지 개봉하였다. 여기서 콘텐츠는 〈신과 함께〉가 웹툰이나 영화의 형태를 갖추기 전의 스토리 자체라고 할 수 있으며, 표현되는 방식에 따라

(어떤 용기에 담기느냐에 따라) 장르가 특정되는 것이라고 설명할 수 있다.

문화콘텐츠의 새로운 정의

위에서 설명한 두 단어를 합쳐 '문화콘텐츠'의 정의를 내린다면 '문화적 요소를 담고 있는 콘텐츠'라고 할 수 있을 것이다. 이것이 기계적이고 사전적인 정의라면, 이 책에서는 문화콘텐츠의 생성과 영향력을 고려하여 아래와 같은 정의를 제시하고자 한다.

문화콘텐츠: 특정 문화를 반영하여 만들어지고,
새로운 문화 형성의 기반이 되는 콘텐츠

문화콘텐츠는 특정 생활 양식을 기반으로 한 문화를 반영하여 만들어지는데, 만들어진 문화콘텐츠를 중심으로 사람들이 모여들게 되면 이들을 중심으로 또다시 새로운 문화가 만들어질 수 있다. 지금부터 이 의미를 천천히 풀어 보자.

특정 문화를 반영하는 문화콘텐츠

특정 문화를 반영하고 있는 문화콘텐츠는 같은 문화를 공유하는 사람들 간에 결속력을 만들어 주는 한편, 다른 문화를 가진 이들에게는 낯설고 새로운 느낌을 들게 한다. 해외 시장에 진출한 수많은 한국의 문화콘텐츠들은 모두 한국 특유의 문화들을 자연스레 반영하고 있기 마련이다. 문화적 공감대가 큰 국내 관객들에게 한국의 콘텐츠가 익숙하고 반가운 대상이라면 한국의 문화와 역사가 낯선 이들에겐 신기하고 새로운 느낌으로 다가가게 된다.

세계적 성공을 거둔 할리우드 영화를 보러 갔다가 영화 속의 특정 상황들을 이해하기 어려웠던 경험이 누구에게나 한 번쯤은 있을 것이다. 한국의 문화콘텐츠도 다른 나라의 관객들에게는 마찬가지이다. 장유유서의 문화, 결혼을 사랑의 완성이라고 생각하는 경향, 아이를 낳아야 어른이 된다고 믿는 관념, 부모는 아이를 위해 목숨을 당연히 바쳐야 한다고 여기는 것 등은 한국 드라마에서 흔하게 마주할 수 있는 한국의 문화적 요소들이다. 이러한 문화를 친숙하게 여기거나 긍정적으로 받아들일 수 있는 문화권에서 한국 드라마는 줄곧 사랑을 받아 왔다.

1세대 한류 드라마인 〈대장금〉을 사랑하였던 국가들의 문화적 공통점을 보면 여성의 사회적 지위가 상대적으로 낮고, 장유유서의 질서가 강한 국가들이 많다. 이슬람 문화권과 동유럽, 아시아가 대표적이다. 상대적으로 미국이나 북유럽, 서유럽에서는 한국 드라마가 큰 사랑을 받지 못하였다.

여기서 우리는 '문화적 할인'(cultural discount)이라는 개념을 이해할 수 있다. 문화적 할인은 특정 콘텐츠가 담고 있는 내용을 불편해하거나 이해하기 힘들어하는 문화권에서는 해당 콘텐츠의 가치를 충분히 인정받기 어려운 경향을 뜻한다.

유아인 주연의 넷플릭스 드라마 〈지옥〉의 사례에서 이를 좀 더 구체적으로 생각해 볼 수 있다. 극 중 유아인은 사이비 종교의 교주로 등장하는데, 그가 사는 곳을 고시원으로 설정하고 있다. 고시원은 한국 특유의 주거 공간 형태이다. 보증금 없이 싼 월세로 지낼 수 있는 곳으로, 처음에는 실제로 서울 신림동의 고시촌에서 고시생들을 대상으로 만들어진 거주 시설이었다. 하지만 시간이 흐르면서 고시원은 고시생이 아닌 일용직 노동자, 취업 준비생 등과 같이 우리 사회에서 가장 경제적으로 취약한 이들이 머무는 곳으로 바뀌어 갔다.

사이비 종교의 교주가 고시원에 산다는 〈지옥〉의 설정은 그 자체로 많은 메시지를 전달한다. 교주의 청렴함을 강조하고, 가장 낮은 곳으로 임하겠다는 종교인의 다짐을 보여 주는 드라마의 설정이다. 하지만 이 설정의 맥락을 충분히 이해할 수 있는 관객은 한국의 사회 환경에서 고시원이라는 공간이 의미하는 바를 알고 있는 이들일 것이다.

〈지옥〉은 해외에서도 좋은 반응을 얻었는데, 영어 번역 과정에서 고시원은 '학생 기숙사'(dormitory)로 번역되었다. 이에 해외 관객들은 상당한 혼란을 느꼈다고 한다. 고시원이라는 공간 자체가 상징하는 문화적 맥락을 알지 못한다면 이 드라마를 온전히 이해하기가 어렵게 되는 것이다. 이것이 문화적 할인이 적용된 사례 중 하나이다. 콘텐츠 제작자의 입장에서 본다면 문화적 공감대가 낮은 지역에서 자신의 콘텐츠를 팔고자 할 때 그 가치를 강제적으로 할인받게 된다는 의미로 이해할 수 있을 것이다.

새로운 문화를 만들어 내는 문화콘텐츠

그렇다면 새로운 문화를 만들어 낸다는 것은 무슨 의미일까? 앞서 서술하였듯 문화는 사람들이 모여야 만들어지는 특정 생활양식이다. 이를 반영하여 만들어진 문화콘텐츠도 결국 사람들이 소비하게 되는데, 최근의 문화소비자들은 그저 주어진 대로 즐기는데 그치지 않고, 소비 과정에서 새로운 문화를 만들어 낸다.

미디어 연구자 헨리 젠킨스(Henry Jenkins)는 오래전부터 미디어 수용자의 주체성과 적극성이 갖는 가치에 대해 심도 깊은 연구를 펼쳐 왔다. 그는 팬들이야말로 가장 능동적인 미디어 수용자라고 보았는데, 콘텐츠 기획자나 제작자가 만든 대로 콘텐츠를 수동적으로 소비하는 것이 아니라, 자신만의 방식으로 능동적이고 주체적인 소비를 한다는 것이다. 특히 최근의 팬덤 문화는 단순히 아티스트의 활동을 지켜보고 응원하는 데 그치지 않고 스스로 새로운 콘텐츠를 생산하고 놀이 문화를 만들어 내고 있다. 팬들의 활동은 아티스트의 시장 가치와 인지도를 높여 주고, 나아가 콘텐츠를 제작하는 방식과 내용에도 영향을 주게 된다.

팬들은 직접 그림을 그리기도 하고 사진을 찍어 비공식 굿즈를 만들어 팔기도 한다. 물론 이러한 팬 활동들은 저작권 침해 위험이 있기도 하지만 분명한 것은 이러한 팬들의 자발적이고 주체적인 활동이 이제는 엔터테인먼트 산업의 가장 중요한 가치를 만들어 내고 있다는 것이다.

자신만을 위한 차별적인 아티스트 굿즈를 갖고 싶어 하는 팬들의 활동 경향과 팬 문화는 관련 업계를 자극하고 팬들을 위한 특별 한정 상품을 끊임없이 기획하게 만든다. 이제 팬들을 위한 굿즈 시장은 아티스트 기획사들에게 가장 중요한 비즈니스 모델이 되었다. 이처럼 문화콘텐츠의 생산자와 소비자 간의 관계는 일반적인 생산자와 구매자 관계와는 매우 다르다.

이처럼 문화콘텐츠는 특정 문화를 반영하여 만들어지지만 새로운 문화를 만드는 기반이 될 수 있다. 그리고 새로운 문화를 만들어 내는 데 성공하게 되면 원작 콘텐츠의 가치가 더욱 올라가게 된다. 사람들이 모여들수록 가치가 올라감은 물론, 새로운 문화가 지속적으로 발생하며 원작 콘텐츠의 생명력을 연장시킬 수 있는 것이다.

기술적 혁신을 기반으로 하는 문화콘텐츠

문화콘텐츠의 성공은 최대한 많은 사람들에게 공감을 얻는 것에 달려 있기도 하지만, 그와 동시에 기술적 혁신을 발 빠르게 적용하고 활용할 수 있는 창의성이 제작 과정과 소비 과정에서 적절히 발휘되었는가 하는 것도 매우 중요하다. 새로운 문화를 창출해내는 데 성공한 두 가지 사례를 통해 그 실제를 들여다보도록 하자.

사례 1

'머선129'와 경상도 사투리 문화

개그맨 강호동의 경상도 사투리 발음을 토대로 '머선129'라는 유행어가 만들어진 적이 있다. tvN의 〈신서유기〉라는 프로그램에서 시작된 이 유행어는 경상도 지역 사투리 문화와 MZ 세대의 문자 커뮤니케이션 문화가 결합되어 유행어가 되기에 이른다. 경상도 사투리에서 때로 '으'와 '우' 발음을 '어'로 발음하는 경향을 찾아볼 수 있는데, 강호동의 사투리 발음에서 이러한 흔적을 찾아볼 수 있다. 일반적으로 '도대체 무슨 일이냐'라는 뜻의 경상도식 표현은 '무슨 일이고'인데, 여기에 강호동의 사투리 억양이 더해져 '무슨 일이고' → '머선 일이고'로 과장되어 표현된 것이다. 프로그램 제작진들은 이를 들리는 그대로 자막으로 표현하였는데, 이때 MZ 세대들의 문자 커뮤니케이션 문화, 즉 한글 단어 일부를 숫자나 영어로 표기하는 것을 즐기는 문화가 더해져 '머선129'라는 암호 같은 표현이 등장하기에 이른다. 이러한 표현은 점차 많은 사람들에게 공유되어 하나의 놀이 문화

강호동의 '머선129' 문화 창출의 과정

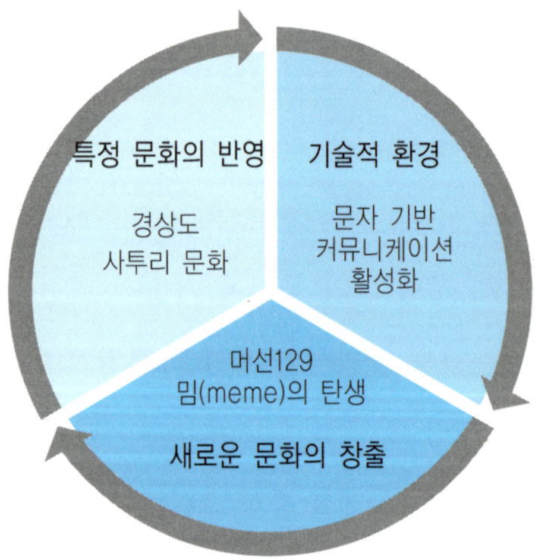

로 자리 잡게 되고, 결국 신종 유행어가 되기에 이른다. 많은 사람들이 즐겁게 가지고 논 결과, 나중엔 스포츠 중계 자막이나 뉴스 자막에도 '머선 129'라는 표현이 등장하기도 하였다. 그만큼 많은 이들이 공유하여 하나의 문화로 자리 잡게 되었음을 보여 준다. 기존의 문화를 반영하여 만들어지고, 이를 즐기는 사람들에 의해 새로운 문화가 형성되는 과정을 보여 주는 흥미로운 사례 중 하나이다.

이처럼 문화콘텐츠는 특정 문화를 반영하여 만들어지고, 만들어진 문화콘텐츠가 많은 이들에게 공유되면 새로운 문화를 만들어 낼 수 있는 잠재성을 갖고 있다. 그리고 새로운 문화가 만들어지는 과정에서는 기술적 환경이 촉매제가 된다.

문화콘텐츠를 중심으로 새로운 문화가 창출되는 과정

사례 2

싸이의 <강남스타일> 뮤직비디오

한국 가수의 세계 시장 성공의 기준을 바꾸어 버린 가수 싸이의 〈강남스타일〉 뮤직비디오 사례 역시 문화로서의 문화콘텐츠 정의를 충분히 적용하여 분석할 수 있다. 〈강남스타일〉은 서울 강남 지역이 상징하는 한국의 계층 문화를 반영하고 있는 노래이다. 강남은 최고의 부자들이 밀집해 있고, 지적이고 수준 높은 문화를 즐기는 이들이 모여 있다고 여겨지는 곳이다. 하지만 싸이는 뮤직비디오에서 우스꽝스러운 패션과 춤사위를 선보이며 '강남스타일'이라고 외쳤고 이러한 싸이의 모습은 본래의 강남 지역 문화를 잘 아는 국내 관객들에게 유쾌함을 선사하였다.

그런데 이 뮤직비디오가 유튜브라는 글로벌 플랫폼을 타고 세계로 유통되기 시작하면서부터 새로운 문화가 탄생하게 된다. 사람들과 인터넷상에서 소통할 때 자신의 기분이나 처지를 한 장의 우스꽝스러운 사진으로 전

싸이의 〈강남스타일〉 문화 창출의 과정

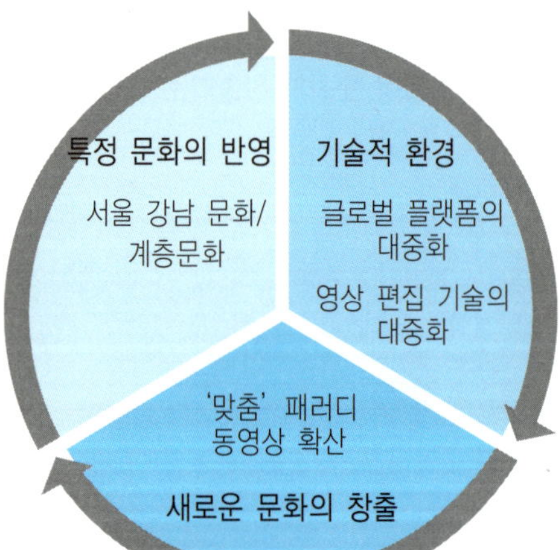

달하는 밈(MEME) 문화에 〈강남스타일〉 뮤직비디오의 B급 코드가 결합되었고, 이는 SNS를 기반으로 널리 공유되었다. 여기에 더해 전 세계의 수많은 네티즌들이 〈강남스타일〉 안무인 말춤을 패러디한 영상을 자발적으로 제작하고 공유하며 거대한 팬덤 문화를 형성하기에 이른다. 그 결과, 비주류였던 한국 음악 시장에 대한 세계 시장의 관심이 커지는 계기가 마련된다. 기존의 문화 코드를 반영하여 만들어진 하나의 문화콘텐츠가 새로운 놀이 문화를 만들어 낸 것이다. 여기에는 유튜브와 같은 글로벌 플랫폼 서비스의 대중화와 인터넷에 대한 일반인들의 접근성 확대 등의 기술적 환경 변화도 큰 몫을 하였다.

참고 문화콘텐츠 산업의 범위

문화콘텐츠 산업의 범위와 호칭은 나라마다 조금씩 다르다. 한국에서는 문화콘텐츠 산업, 영국은 창조 산업, 미국은 엔터테인먼트 산업이라고 각각 부르고 있다. 하지만 각 산업을 채우고 있는 분야는 비슷하고, 한국은 현재 총 11개 분야가 문화콘텐츠 산업에 속해 있다.

미국 엔터테인먼트 산업 (13개 분야)	영국 창조 산업 (9개 분야)	한국 문화콘텐츠 산업 (11개 분야)
TV 가입 및 라이선스	광고 및 마케팅	영화
TV 광고	건축	애니메이션
영화	공예	음악
음악	디자인(제품, 그래픽, 패션)	게임
게임	영화, TV, 비디오, 라디오,	캐릭터
인터넷 광고	사진	만화
인터넷 접속	IT, 소프트웨어 및 컴퓨터	출판(서적)
옥외광고	서비스	정기간행물(신문, 잡지)
라디오	박물관, 도서관, 갤러리	광고
잡지	음악, 퍼포먼스	방송
신문	출판	패션 문화
서적		
B2B 출판		

출처: 김평수 외(2018), 《문화콘텐츠산업론》.

2. 상품으로서의 문화콘텐츠

문화콘텐츠 상품 기획 및 제작의 특수성

기존의 문화를 반영하여 만들어지고, 즐기는 사람들로부터 새로운 문화가 만들어지는 기반이 되는 문화콘텐츠는 시장에서 상품의 형태로 유통되고 소비된다. 무료이든 유료이든 문화콘텐츠는 본질적으로 이익을 추구하는 상품이다. 하지만 영화나 드라마, 게임, 웹툰과 같은 문화콘텐츠 상품은 일반적인 대량 생산 기반 상품과는 본질적인 차이를 갖고 있다.

무형성

일반적 상품과의 차별성은 문화콘텐츠 상품을 소비하는 이들의 특성을 살펴볼 때 명확하게 관찰할 수 있다. 문화콘텐츠 상품을 구매할 때의 소비자들은 마트에서 생필품을 구매할 때와 전혀 다른 구매 기준을 갖는다.

보고 싶은 영화나 드라마를 고르는 과정을 떠올려 보자. 당신은 가진 돈과 시간에 대비해서 가장 효율적인 선택을 하는가? 아마도 아닐 것이다. 그냥 좋아서, 또는 보고 싶어서, 재미있을 것 같아서 해당 문화콘텐츠를 선택하게 되었을 것이다. 이처럼 사람들은 문화콘텐츠의 소비를 통해 정신적 만족감을 추구한다. 영화를 보러 갔을 때, 우리는 시간과 돈을 소비하지만 물리적인 어떤 대상을 소비하지는 않는다. 만 원을 내고 영화를 보았다 해서 그 영화가 나의 것이 되지 않는다. 일주일을 기다려 보고 싶은 드라마를 정주행하였다면 시청자에게 남는 것은 반가움이나 만족감, 기쁨이나 슬픔, 때로는 실망감이 될 수도 있다.

이처럼 문화콘텐츠는 무형의 형태로 소비되며, 소비자의 마음을 사는 산업이다. 소비자들은 특정 기분을 사기 위해 문화콘텐츠를 소비한다. 어떤 기분과 심리적 만족감을 얻기 위해 지갑을 열기 때문에 때로는 지나치게 비싼 문화콘텐츠도 기꺼이 기쁜 마음으로 소비하는 경우가 적지 않다. 생필품을 사러 마트에 갔을 때 무언가를 살지 말지 결정하는 과정과 문화콘텐츠 상품에 돈을 쓸

일반 상품과 문화콘텐츠 상품의 차이

구분	일반 상품	문화콘텐츠 상품
주요 생산 방식	표준화된 대량 생산	다품종 소량 생산
선호 가치	가성비, 효율성, 실용성 등	가심(心)비, 특수성, 차별성

지 말지 결정하는 과정은 상당히 다를 수밖에 없다. 문화콘텐츠는 대부분의 경우 구매하지 않아도 소비자의 생존과 삶의 질을 유지하는 데 크게 영향을 미치지 않는다. 이 때문에 더욱더 개인의 취향과 감성에 의존하는 소비가 이루어지는 것이다.

휴지나 세제 같은 일반 상품은 표준화된 생산 라인에서 대량 생산된다. 휴지나 세제를 사는 이유는 단순하다. 물리적 기능이 매우 중요하고, 기능 대비 가격이 저렴한 것을 선호하게 된다. 소위 '가성비'(價性比: 가격 대비 성능)가 매우 중요한 소비 영역인 것이다.

하지만 문화콘텐츠 상품의 소비는 전혀 다른 성격을 지닌다. 감상하거나 즐긴 뒤의 정신적 만족감이 가장 중요한 소비 영역이다. 때문에 문화콘텐츠 기획자들은 소비자들로 하여금 정신적 만족감, 소위 말하는 가심비(價心比: 가격 대비 만족감)를 안겨 줄 수 있는 콘텐츠를 만드는 것을 목표로 삼게 된다. 더불어 문화콘텐츠 소비자들은 대중적이면서도 자신만의 독특한 취향을 드러낼 수 있는 차별적 콘텐츠를 소비하고자 하는 욕구를 강하게 가지고 있다.

사례 3 N차 관람 문화

같은 공연이나 영상콘텐츠를 여러 번 반복해서 소비하는 것을 N차 관람이라고 표현한다. 문화콘텐츠의 N차 관람 문화는 앞서 설명한 비논리적이고 감성적인, '가심비'를 추구하는 문화콘텐츠의 소비 경향을 잘 드러내는 사례이다. 2022년 7월의 영화 N차 관람 비율을 보면 다음과 같다.

2022년 7월 3주차 영화 N차 관람 순위

순위	영화 제목
1	탑건: 매버릭(6.1%)
2	헤어질 결심(4.7%)
3	닥터 스트레인지(3.9%)
4	범죄도시2
5	해적: 도깨비 깃발

자료: 조선일보(2022. 07. 19).

위 표에서 N차 관람 비율은 2022년 개봉해 100만 명 넘는 관객을 모은 영화 중 같은 영화를 2회 이상 본 관객의 비율로, 7월 3주차에 〈탑건: 매버릭〉을 3회 이상 본 관객은 전체 관객의 1.1%였다고 한다.

뮤지컬의 경우 N차 관람의 경향이 보다 강하게 나타난다. 2021년 뮤지컬 시장에 대한 인터파크 자료 분석에 따르면, 뮤지컬을 예매한 관객 약 139만 명 중 같은 공연을 2회 이상 예매한 관객은 총 17만 5천여 명으로 전체의 12.6%를 차지한다고 한다. 관람 횟수별로 세분화하여 살펴보면 2

회 관람이 57.3%로 가장 많았고, 3회 관람 17.3%, 6~10회 관람 8.6%, 11회 이상 관람한 관객은 3.7%였다(아시아경제, 2022. 8. 23)

관객들은 저마다 다양한 이유로 특정 콘텐츠에 대한 N차 관람을 선택하였을 것이다. 한 번 보아서 이해하기 힘든 작품이었거나, 보는 동안의 행복감을 다시 느끼기 위해서이거나, 또는 극 중 배우나 감독에 대한 팬심일 수도 있다. 하지만 그 어떤 이유도 유형의 보상과는 거리가 멀다. 같은 영화를 수차례 보는 것을 선택한 관객들은 그 무엇보다도 무형의 보상, 즉 심리적 만족감을 추구하는 것이다.

이제 N차 관람 문화는 영화 제작자들에게도 매우 중요한 흥행 견인 요소로 이해되고 있다. 큰 흥행을 하지 못하였더라도 소수의 특정 관객들의 강한 호응을 얻은 작품들은 후에 재개봉이나 2차 창작 여부를 결정하는 데 중요한 근거로 활용되고 있다.

경험재

두 번째로 살펴볼 문화콘텐츠 상품으로서의 특징은 경험재적 특성이다. 문화콘텐츠는 실제 감상을 해보기 전에는 개개인의 소비자 취향에 맞을지, 그렇지 않을지를 미리 알기 어렵다. 매우 큰 기대를 하고 예매한 공연이나 영화가 막상 자신의 마음에 들지 않았던 경험은 누구나 한번쯤 있을 것이다. 때로는 반대로 큰 기대를 하지 않은 작품이 의외의 감동을 안겨 줄 때도 있다. 이러한 환경을 문화콘텐츠를 기획하고 제작하는 이들의 입장에서 볼 때는 자신이 만들고 있는 문화콘텐츠 상품이 시장에 런칭되었을 때 성공할지 여부를 미리 가늠하는 것은 불가능에 가까운 현실과 연결된다.

과거에 큰 사랑을 받았던 영화이더라도 속편이 제작되었을 때 실망스러운 성적을 거두는 일은 자주 목격된다. 2021년 12월에 개봉한 〈매트릭스: 리저렉션〉은 예상보다 크게 저조한 흥행 성적을 거두어 제작사 빌리지 로드쇼 엔터테인먼트와 배급사 워너브라더스 간의 법적 분쟁까지 벌어지기도 하였다.

영화 〈블랙 위도우〉에서 극장 흥행 성적에 따라 출연료가 좌우되는 계약을 맺은 배우 스칼릿 조핸슨(Scarlett Johansson)은 영화 제작사인 월트 디즈니가 해당 영화를 자회사 OTT 플랫폼인 Disney+에 공개한 것에 대해 소송을 제기하기도 하였다. 영화 〈블랙 위도우〉는 코로나19 이후 북미 영화 시장에서 최고 개봉 성적을 거두었다. 주연 배우는 영화를 OTT에 동시 공개한 것이 출연료가 깎이게 된 원인으로 꼽았지만, 제작사와 배급사의 입장에서 본다면 영화에 대한 관심이 가시적으로 드러났을 때 개봉관과 스트리밍 서비스를 모두 공략해 한정적인 시간 내에 최대한의 수익을 올리기 위한 전략을 구사하였을 것으로 보인다. 문화콘텐츠에 대한 시장 반응은 한 치 앞을 내다볼 수 없기 때문이다.

반면 가끔은 큰 기대를 하지 않았던 작품이 흥행에 성공하는 경우도 더러 목격하게 된다. 2019년 비슷한 시기에 개봉한 두 영화 〈변신〉과 〈유열의 음악앨범〉은 개봉 당시 큰 기대작이 아니었다. 멜로 영화인 〈유열의 음악앨범〉의 경우 할리우드 블록버스터와 디즈니 영화들이 포진한 시기에 개봉하여 큰 성공을 기대하지 못하였고, 오컬트 장르인 〈변신〉 역시 개봉 당시 〈엑시트〉나 〈봉오동 전투〉와 같은 흥행작 사이에서 큰 기대작은 아니었다. 하지만 두 영화 모두 의외의 성공을 거두며 〈유열의 음악앨범〉은 122만 명의 관객을 모았으며, 〈변신〉은 180만 명의 관객을 모으며 기대 이상의 성적을 거두었다.

이처럼 문화콘텐츠는 직접 감상하기 전까지는 관객이 어떻게 받아들일지 미리 알 수 없다. 이 때문에 문화콘텐츠 산업은 고위험 고수익의 도박 산업으로 규정된다. 흥행 결과를 미리 알 수 없지만 관객의 니즈와 문화콘텐츠의 방향이 잘 들어맞았을 때는 전에 없던 큰 성공을 거둘 수 있기 때문이다. 여기에는 문화콘텐츠의 특징 중 또 하나인 '낮은 복제 비용'이 큰 역할을 하게 된다. 문화콘텐츠 상품은 일반 상품에 비교하였을 때 재생산 비용이 세로에 가깝다.

전통적인 제조업의 경우에는 어떤 상품이 시장의 좋은 반응을 얻으면 생산 라인이 바쁘게 가동되기 시작한다. 한때 없어서 못 팔았다는 '허니버터칩'이 대란이 일어났을 때, 기존의 생산 라인으로 수요를 맞추기 힘들었던 해태제과는 일본 가루비사와 함께 180억 원을 투자하여 제2공장을 착공하며, 연 2,000억 원 판매 돌파를 예상한 바 있다. 하지만 그 결과는 처참하였다. 얼마 가지 않아 허니버터칩에 대한 대중의 수요는 빠르게 감소하기 시작하였고, 해태제과의 영업 이익은 생산 라인 증설 전보다 21% 감소하였다. 식품계에는 '증설의 저주'라는 말이 있다고도 하는데, 공급 부족을 해결하기 위해 생산 라인을 늘리면 그때부터 판매가 저조해져 적자를 내게 된다는 것이다.

이처럼 일반 제조업 기반 산업에서 수요가 대폭 늘어나면 생산 라인을 가동하기 위한 비용과 원자재 확보를 위한 투자가 지속된다. 그러나 대부분 디지털화되어 있는 문화콘텐츠 상품들은 수요가 늘어나도 재생산 비용이 따로 크게 들지 않는다. 때문에 한 작품이 큰 성공을 거두면, 투자 비용을 회수하고 난 뒤 순수익을 얻는 시점이 일반 상품에 비해 상당히 빠르고 그 규모도 상대적으로 큰 편이다. (무대 공연 예술의 경우 예외적이다. 공연 예술은 재생산될 때마다 지속적으로 인건비와 대관 비용 등이 발생하기에 기술의 발전으로 인한 생산의 효율을 기대하기가 상대적으로 어렵다. 이를 보몰과

보웬은 '공연 예술의 경제적 딜레마' 라고 칭하기도 하였다.)

런칭 당시 세계 시장에서의 성공까지는 크게 기대하지 않았다는 〈오징어 게임〉은 세계적 트렌드의 반열에 오르면서 폭발적인 인기를 끌었다. 하지만 그렇다고 해서 추가 생산 라인을 가동하는 비용은 투입되지 않았다. 이미 완성된 형태로 공급된 〈오징어 게임〉은 특별한 재생산 비용 없이 전 세계의 새로운 관객들을 OTT 플랫폼을 통해 지속적으로 만났을 뿐이다. 이처럼 디지털 환경을 기반으로 하는 문화콘텐츠는 상품의 성공 여부를 미리 점치기란 불가능에 가깝지만, 대중의 수요가 급증하는 순간에는 특별한 재생산 비용을 들이지 않고 지속적으로 수익을 올릴 수 있는 강점이 있다.

시장 실패를 줄이기 위한 전략 1: 속편의 제작

문화콘텐츠 시장 실패를 최소화하기 위한 다양한 전략을 구사하는데, 대표적인 것이 속편을 제작하거나 앞서 성공한 콘텐츠 사례들의 성공 공식을 비슷하게 따라하는 전략이다. 성공한 원작의 속편을 제작할 경우, 원작을 사랑하였던 관객들의 관심을 자연스레 받을 수 있다. 비교적 안정적인 상황에서 새 콘텐츠를 런칭할 수 있는 것이다. 2022년 한국 영화 시장만 보더라도 영화 제작자들이 지속적으로 속편 영화들의 제작을 선택하고 있음을 알 수 있다.

2017년 개봉한 〈범죄도시〉는 680만 관객을 동원하며 준수한 성적을 거두었는데, 2022년 5월에 개봉한 〈범죄도시2〉는 1,000만 관객이 넘는 흥행 성적을 거두어 화제가 되었다. 뿐만 아니라 2018년 개봉 당시 318만 관객 수를 기록한 〈마녀〉의 속편 〈마녀2〉도 2022년 6월에 개봉하였는데, 278만 명의 관객 수를 기록하며 손익분기점을 넘었다. 한편, 2017년 781만 관객을 달성한 영화 〈공조〉의 속편도 같은 해 9월에 개봉하여 개봉 26일 만에 600만 관객을 동원하는 데 성공하였다.

시장 실패를 줄이기 위한 전략 2: 성공 콘셉트의 모방

속편 제작에 더해 시장 실패를 줄이기 위해 기획 및 제작자들이 선택하는 또 하나의 전략은 다른 이들의 성공을 모방하는 것이다. 이러한 경향은 방송가에서 보다 자주 목격되는데, 2019년부터 시작된 트로트 예능 프로그램의 열풍이 하나의 사례가 될 것이다.

최근 2~3년간 한국 방송가에는 트로트를 다룬 음악 예능 방송 프로그램들이 아주 많이 제작되었다. 이런 경향은 TV와 같은 전통적 미디어를 50~60대 이상의 장년층 소비자가 주로 소비하고 있다는 점을 반영하고 있다. 이제 10~30대의 청년층은 더 이상 TV 앞에

2019~2022년 트로트 방송 예능 프로그램

방송채널	프로그램 제목
TV조선	〈미스트롯〉, 〈미스터트롯〉, 〈뽕 따러 가세〉, 〈사랑의 콜센터〉, 〈뽕숭아학당〉
MBN	〈트로트퀸〉, 〈불타는 트롯맨〉
MBC에브리원	〈나는 트로트 가수다〉
SBS	〈트롯신이 떴다〉
SBS플러스	〈내게 온 트롯〉
Mnet	〈트로트 엑스〉
KBS2TV	〈트롯 전국체전〉, 〈트롯 매직유랑단〉, 〈노래가 좋아〉
MBC	〈트로트의 민족〉, 〈취애 엔터테인먼트〉

서 본방송이 시작되기를 기다리지 않는다. 방송 제작자들은 TV를 전통적 방식으로 소비하는 장년층 시청자들의 취향과 문화를 반영한 프로그램들을 제작하는 데 주력하기 시작하였고, 그 고민의 결과 중 하나가 트로트 예능의 열풍이다.

2019년 종합 편성 채널 TV조선의 트로트 오디션 프로그램 〈미스 트롯〉과 〈미스터 트롯〉이 성공한 이후, 여러 방송사는 앞다투어 트로트 예능 프로그램을 내놓았다.

물론 제작된 트로트 예능 프로그램들이 모두 성공하지는 않았다. 그럼에도 방송 제작자들이 다소 식상한 트로트 예능을 계속해서 만들어 가는 이유는 트로트를 주요 콘셉트로 하는 예능에 늘

적정 수준의 관심이 자연스레 모이기 때문이다. 여기에는 앞서 언급한 TV 시청자층 노령화 현상도 큰 몫을 하고 있다. 수많은 프로그램 중 장기흥행에 성공한 작품들을 보면 프로그램 자체의 차별성을 분명히 하면서도 트로트 예능에 기대되는 요소들을 적절히 배치하는 데 성공한 프로그램들임을 알 수 있다. 이처럼 소비자들의 만족감을 극대화하기 위해서는 차별적 요소의 배치도 중요하지만, 해당 장르의 문화콘텐츠에 대한 관객들의 기대를 채워 줄 수 있는 보편적 요소들의 적절한 배합을 통한 공감대 형성도 매우 중요함을 알 수 있다.

IP의 확장: OSMU와 트랜스미디어 콘텐츠

문화콘텐츠는 무한 복제도 가능하지만 무한 확장도 가능하다. 'IP의 확장'이라는 표현을 언론을 통해 한번쯤은 들어보았을 것이다. IP는 지적재산권(intellectual property)를 뜻하는 약자인데, 보다 간단하게는 '저작권'으로 이해해도 무방하다. IP를 확장한다는 것은 원작의 스토리를 다양한 형태의 장르로 만들어 내는 경우도 해당되지만 원작 스토리의 전후에 이어지는 또 다른 스토리를 만들어 세계관을 확장하는 경우에도 해당된다. 먼저 하나의 콘텐츠를 다양한 장르로 변형시켜 런칭하는 것을 소위 원소스멀티유즈(One

▌2021~2022 웹툰 원작 영상 콘텐츠

채널명	제목
MBC	〈내일〉, 〈가우스전자〉, 〈금혼령〉
넷플릭스	〈안나라수마나라〉, 〈모럴센스〉
tvN	〈유미의 세포들2〉
MBC	〈금수저〉
디즈니플러스	〈무빙〉, 〈커넥트〉
KBS2TV	〈법대로 사랑하라〉, 〈징크스의 연인〉, 〈연모〉, 〈멀리서 보면 푸른 봄〉, 〈이미테이션〉
SBS	〈사내맞선〉, 〈모범택시〉

Source Multi Use: OSMU)라고 칭한다. OSMU는 사실상 국내에서만 통용되는 표현으로, 영어권 국가에서는 미디어 프랜차이즈(media franchises) 등으로 표현하고 있다. 최근 웹소설이나 웹툰을 기반으로 하는 드라마 및 영화들이 큰 사랑을 받고 있는데 이러한 사례들이 바로 OSMU 방식으로 IP가 확장되는 사례라고 할 수 있다. 2021~2022년에 웹툰을 원작으로 하여 제작된 영상 콘텐츠 리스트는 위의 표와 같다.

최근에는 영화와 드라마뿐만 아니라 예능 및 애니메이션으로도 웹툰 및 웹소설 IP를 확장하고 있다. 웹툰 〈머니게임〉은 미국에서 5부작 리얼리티 쇼로 제작되기도 하였으며, EBS는 웹툰 〈좀비딸〉을 애니메이션으로 제작하기도 하였다.

이처럼 웹툰과 웹소설을 기반으로 하는 영화 및 드라마 제작이 활발해지는 이유는 단연코 고위험 고수익의 문화콘텐츠 산업의 속성 때문이다. 1차 저작물을 통해 어느 정도의 대중성과 작품성을 검증받은 작품을 영상화하였을 때 실패 확률이 낮아지기 때문이다.

한편, 단순히 장르 형태만 바꾸는 OSMU를 넘어 최근에는 원작 스토리를 전후방 및 측면으로도 확장하는 트랜스미디어 방식의 IP 확장도 보편화되고 있다. 트랜스미디어 스토리텔링은 다양한 미디어에 기반을 둔 복수의 스토리가 하나의 일관된 세계관을 공유하는 방식이다. 드라마 원작 주인공들의 어린 시절 이야기를 담은 웹드라마가 런칭되기도 하고, 작품 스토리를 컴퓨터 게임으로 연결시키기도 한다. 어떤 확장을 이루었느냐에 따라 트랜스미디어 콘텐츠의 종류는 크게 4가지이다. 흔히 이야기하는 속편인 시퀄(sequel), 원작보다 이후에 제작되었지만 스토리적으로는 전편의 이전 시간을 다루는 프리퀄(prequel), 원작의 주인공과 기본 설정을 공유하면서도 완전히 새로운 이야기를 다루는 리부트(reboot), 그리고 외전 또는 번외편이라고 할 수 있는 스핀오프(spin-off)이다.

최근 디즈니플러스에서 방영된 〈제다이 템플 챌린지〉(Jedi Temple Challenge)는 원작인 〈스타워즈〉 시리즈의 세계관을 공유하는 예능 프로그램으로 어린이들이 게임 중 주어지는 고난과 역경을 극복하는 과정을 원작의 세계관에 연결시키고, 영화 속의 액션 스킬이나 휴머노이드 로봇 등을 그대로 재연하여 스타워즈의 기존 팬들은 물론 어린 관객들이 새롭게 스타워즈의 팬이 될 수 있도록 기획된 콘텐츠이다.

이처럼 원작의 세계관을 공유하는 다양한 트랜스미디어 콘텐츠가 성공적으로 런칭되면 원작 IP를 중심으로 더 많은 관객들이 모여들게 되고, 궁극적으로는 원작을 중심으로 새로운 관객 문화가 생겨날 수 있는 것이다.

3. 놀이로서의 문화콘텐츠

문화콘텐츠 소비와 향유의 특수성

문화콘텐츠 상품의 소비는 소비라기보다 놀이에 가깝다. 이는 문화콘텐츠 상품을 고르고 사는 과정의 특수성을 들여다보면 쉽게 이해할 수 있다.

먼저 심리학자 아브라함 매슬로(Abraham Harold Maslow)의 욕구위계이론을 간단히 살펴보도록 하자. 매슬로는 인간의 욕구가 단계별로 추구된다고 보았다. 부족하면 생존에 문제가 되는 물건들, 생필품을 먼저 추구하고, 그 욕구가 충족되면 다음 단계의 욕구가 나타난다는 것이다. 예를 들면, 우리가 생존하는 데 꼭 필요한 의식주에 대한 욕구가 가장 먼저 발생하고, 이것이 충족되면 좀 더 안전하게 살고 싶다는 욕구가 발생하게 되어, 범죄나 사고로부터 스스로를 지킬 수 있는 환경을 찾게 된다고 보았다. 안전에 대한

매슬로의 욕구위계이론

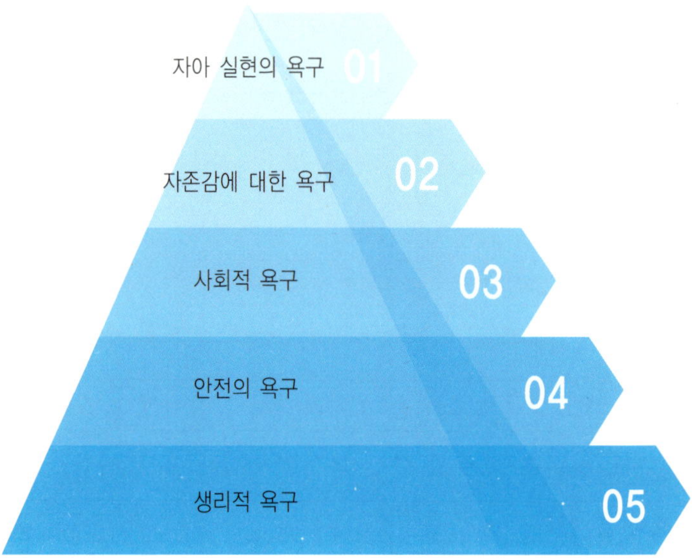

자료: A. H. Maslow(1943).

욕구가 충족된 이후에는 사회적 소속감에 대한 욕구가 생겨나 사람들과 교류하고 사회 활동에 참여하고자 하게 된다. 이 욕구가 어느 정도 충족되면 그 이후에는 자존감을 높이고자 하는 욕구를 추구하고, 가장 마지막 단계에서 자신만의 차별성을 드러낼 수 있는 소비를 함으로써 자아를 실현하고자 한다고 보았다. 이 이론을 설명하는 이유는 문화콘텐츠 상품을 소비하고자 하는 욕구가 가장 상위 단계의 욕구인 '자아 실현의 욕구'와 매우 유사하기 때문이다.

문화콘텐츠 산업은 사람들이 생존의 위협을 느낄 때 가장 먼저 소비를 중단하는 영역에 위치한다. 코로나19 팬데믹 당시 전 세계 수많은 극장들이 문을 닫았고, 수많은 영화의 제작이 중단되거나 개봉을 미루었다. 당장 감염의 위협에 노출될 수 있는 상황에서 문화콘텐츠를 소비하기 위해 위험을 감수하고자 하는 사람들은 많지 않았다. 이처럼 문화콘텐츠는 소비자들의 입장에서 볼 때, 삶을 유지하기 위한 치열한 전쟁터에서 조금 떨어져 있는 개념이다. 보고 싶은 영화나 드라마를 보지 못한다고 해서 생존에 위협을 받지는 않으니까 말이다. 이러한 문화콘텐츠 상품의 특성은 이 산업의 약점이기도 하지만 동시에 일반 산업 논리로는 해석할 수 없는 강점으로도 연결된다.

소비자들은 문화콘텐츠 소비를 통해 자신의 정체성을 드러내고, 정신적 만족감을 추구한다. 그런데 정신적 만족감의 가치를 돈으로 어떻게 환산해야 할까? 때로는 어떤 영화나 뮤지컬을 한 차례 보는 데 그치지 않고 수십 번의 N차 관람(제2장 참고)을 선택하는 이들도 적지 않다. 이와 같은 소비의 과정을 논리적으로 설명하기란 쉽지 않다. 무엇보다도 문화콘텐츠 산업에서는 가성비가 통하지 않는다. 오히려 조금 비싸더라도 소비자들의 만족감을 극대화시키는 것이 중요하다. 어떤 콘텐츠 상품에 대해 소비자들이 얼마를 낼 준비가 되어 있는지가 가격에 반영된다. 가끔 당근마켓과 같은 중고 시장을 보면 수십 년 전에 활동하였던 록밴드의 한정판 앨범이 수백만 원의 가격으로 팔리기도 하는 것을 볼 수 있다. 해당 앨범의 물리적 기능이나 가치가 수백만 원에 이르기에 설정된 가격이라고 볼 수는 없다. 그 록밴드를 좋아하는 팬의 입장에서 의미 있는 앨범을 소장하기 위해 기꺼이 낼 수 있다고 생각하는 금액이 중고 시장의 가격을 결정하게 되는 것이다. 이러한 과정을 일반적인 대량 생산 제품의 가격 결정 기준으로 설명하기는 쉽지 않다. 수요자가 원하는 가격이라기보다, 수요자가 기꺼이 낼 수 있다고 생각할 만큼의 가격으로 설정된다고 보는 것이 적절하다. 이처럼 문화콘텐츠 상품의 가격은 공급자 위주가 아닌 수요자 중심으로 결정된다.

더불어 '가치 사슬'이라는 개념도 잠깐 들여다보도록 하자. 가치 사슬이란 기업 활동에서 부가 가치가 생성되는 일련의 과정을 말한다. 1985년 미국 하버드 대학교 마이클 포터(Michael Eugene Porter) 교수가 이론을 정립한 이후, 지금까지도 광범위하게 활용되

마이클 포터의 가치 사슬(Porter, 1985)

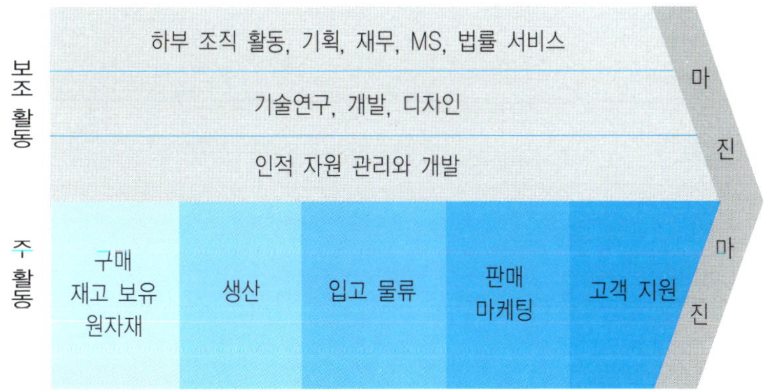

자료: Michael Porter(1985).

고 있다. 제조업과 같은 일반 산업을 모델로 만들어진 가치 사슬 모델은 하나의 제품을 생산해서 고객을 만나기까지의 과정을 단계별로 기업 현장 활동인 '주 활동'과 현장 활동을 지원하는 '보조 활동'으로 나누어서 부가 가치가 생성되는 과정과 단계별 활동을 정리해 둔 체계이다.

기업은 특정 제품의 가치 사슬을 분석함으로써 비용 절감과 차별화를 도모하는 데 필요한 진략을 도출해 낼 수 있다. 예를 들어, 스웨덴 가구 브랜드 이케아(IKEA)를 생각해 보자. 이케아는 제조 및 생산 단계에서 완제품을 만들지 않고 고객들이 직접 조립하

문화콘텐츠 산업의 가치 사슬

게 하며 생산 비용을 줄였다. 유통 단계에서도 직접 배송하는 것보다 고객들이 직접 가져가는 것을 우선으로 한다. 이 두 단계의 비용을 줄이며 다른 가구점과는 다른 형태의 서비스를 제공하기 시작하였고, 고객들은 이것을 불편해하기 보다는 차별적 서비스 또는 개인 맞춤형 서비스로 인식하며 이케아의 독특한 정체성을 받아들였다.

이처럼 가치 사슬의 전통적 모델은 기업이 생산 과정의 변화를 주도적으로 이끌어 내서 소비자에게 전달하는 형태라고 할 수 있으며 소비자는 여기서 상대적으로 수동적인 대상으로 설정되어 있다.

이 가치사슬이론은 문화콘텐츠 산업에서도 자주 적용되어 분석된다. 문화콘텐츠의 일반적 제작 단계에 맞추어서 용어만 바꾸어서 이야기되는데, 보통 작품의 '기획–창작·제작–유통–소비·

향유'의 4단계로 나누어서 분석한다.

일반 산업의 가치 사슬에 비해 문화콘텐츠 산업의 가치 사슬이 가지고 있는 가장 큰 특징은 소비와 향유의 단계에서도 상당한 부가 가치가 발생할 수 있다는 점이다. 문화콘텐츠는 기존의 문화를 반영해서 새로운 문화를 만들어 낼 수 있다고 강조한 바 있다. 어떤 문화콘텐츠가 사람들의 사랑을 많이 받기 시작하면 그 콘텐츠를 즐기는 사람들로부터 새로운 문화가 생겨나고, 이 과정이 원작의 부가 가치를 높여 줄 수 있다.

글로벌 기업 애플사의 소비자 문화를 예로 들어보자. 신제품이 나온다는 소식이 들리면 세계 어디서든 며칠 밤을 새워서 매장 앞에서 기다리는 것이 애플 제품 구매자들의 문화로 자리 잡혀 있다. 줄을 서서 기다리는 데에는 각자 여러 이유가 있겠지만, 누가 시키지 않아도 스스로 다른 사람들보다 빨리 새로운 제품을 손에 넣고자 하는 사람들이 며칠 전부터 몰려드는 풍경이 애플의 브랜드 인지도와 문화적 가치를 자연스럽게 올려 주었다.

문화콘텐츠도 마찬가지이다. 어떤 콘텐츠를 기반으로 사람들이 모여들어 특정 소비 문화가 발생하게 되면 자연스럽게 그 콘텐츠의 가치도 높아진다. 문화콘텐츠 상품은 단순히 줄서기 정도에서 그치지 않는다. 앞서 언급한 것처럼 미디어 연구자 헨리 젠킨스는 팬들이야말로 가장 능동적인 미디어 수용자라고 주장한 바 있다. 팬들은 기획자나 제작자가 만든 그대로 수동적 자체로 상품을 소비하는 것이 아니라 자신만의 방식으로 능동적이고 주체적인 소비를 한다는 것이다. 최근 케이팝(K-POP)의 팬덤 문화만 보아도 젠킨스의 관찰은 상당 부분 타당함을 알 수 있다. 이제 팬들은 단순히 아티스트의 활동을 지켜보고 응원해 주는 데 그치지 않고 스스로 새로운 콘텐츠를 생산하고 놀이 문화를 만들어 내고 있다. 이러한 팬들의 활동은 아티스트의 시장 가치와 인지도를 높여 주고, 나아가 콘텐츠를 제작하는 방식과 내용에도 영향을 준다.

한때 화제가 되었던 해외 케이팝 팬들의 플래시 몹(flash mob) 사례도 이러한 관점에서 해석해 볼 수 있다. 아이돌 그룹의 군무를 따라 추는 해외 팬들의 플래시 몹이 미국 뉴욕과 영국 런던, 프랑스 파리 등 세계 주요 도시에서 포착되었다. 해외 주요 도시 한복판에서 케이팝 팬들을 의도적으로 모으기는 쉽지 않은 일이다. 자발적 팬들의 열정과 내적 동기가 없었다면 결코 만들어 내기 어려운 케이팝 팬들의 문화라고 볼 수 있다. 또한 이러한 팬들의 움직임이 세계 시장에서의 케이팝의 시장 가치를 더욱 높여 주었다.

이처럼 문화콘텐츠 상품은 소비와 향유 단계가 상품의 부가가치를 높이는 결정적 역할을 한다. 성공적인 문화콘텐츠를 기획하고 제작하는 이들은 자신만의 예술 세계에 빠져 있는 이들이 아닌, 자신의 콘텐츠를 가지고 소비자들이 잘 놀 수 있게 만드는 사람들이어야 한다. 소비자들의 새로운 놀이 문화와 향유 문화가 더해질 수 있는 판을 함께 제공해야 하는 것이 문화콘텐츠 상품 기획자들의 숙명이다.

4. 왜 문화콘텐츠인가?

문화콘텐츠의 가치 확장성과 경제적 파급 효과

여느 때보다 한국의 문화콘텐츠에 대한 세계적 관심이 뜨거운 때다. 넷플릭스의 〈오징어 게임〉이 미국 방송계 최고 권위의 에미 시상식에서 2022년 최우수 드라마 시리즈 상을 포함해 6관왕의 쾌거를 이루었고, 봉준호 감독의 〈기생충〉은 2020년 제92회 아카데미 시상식에서 오스카 최고 영예인 '최우수 작품상'과 '감독상', '각본상', '국제영화상'을 수상하기도 하였다. 한국의 보이 그룹 BTS가 미국 빌보드 차트에서 1위를 하는 것은 더 이상 새로운 뉴스도 아니게 되었다.

경영학자 피터 드러커(Peter Drucker)는 "21세기는 문화 산업에서 각국의 승패가 결정될 것이고, 최후의 승부처는 바로 문화 산업이 될 것"이라고 단언한 바 있다. 한국뿐만이 아니라 세계의 많은 국가들이 문화콘텐츠 관련 분야에 국가 산업의 미래를 걸고 있다. 그 본질적인 이유는 무엇일까?

먼저 문화콘텐츠의 가치 확장성이 그 이유일 것이다. 문화콘텐츠 상품의 성과는 상품과 연계된 지역이나 국가의 문화적 가치로 연결된다.

문화콘텐츠 작품 하나가 한 나라를 먹여 살릴 수 있음을 보여준 〈반지의 제왕〉의 사례를 살펴보자. 〈반지의 제왕〉은 2001년부터 2003년까지 총 3편의 시리즈가 제작된 할리우드 영화로, 뉴질랜드에서 약 5년간 현지 촬영을 한 작품이다. 뉴질랜드 출신인 피터 잭슨 감독과 뉴질랜드 정부가 뉴질랜드를 촬영지로 유치하기 위해 적극적으로 나섰는데, 뛰어난 자연환경과 저렴함 제작 비용 등을 강점으로 인정받아 최종적으로 뉴질랜드가 촬영지로 선정되었다고 한다. 뉴질랜드 정부는 이 영화의 홍보비로 약 1,870만 달러를 지출하였다. 2001년 1편 개봉 이후 뉴질랜드의 외국인 관광객 수는 연평균 5.6% 증가하였으며, 영화 제작 기간 동안 제작팀이 뉴질랜드에서 2억 500만 달러를 지출하고, 1만 5,000여 명의 현지인 고용이 이루어져 총 3억 6,000만 달러의 경제적 효과를 거두었다. 〈반지의 제왕〉의 촬영지라는 것이 알려진 이후 뉴질랜드의 국가 이미지는 매우 높아졌으며, 영상 산업 규모는 164% 성장하였다는 분석도 있다(한동원, 2005).

극 중 주인공인 프로도의 이름을 따서 '프로도 경제 효과'(Frodo Economy Effect)라고 이름 붙여진 경제 신조어는 특정 지역이 영화 촬영지가 되었을 때 얻을 수 있는 이와 같은 경제적 파급 효과를 의미하게 되었다(시사경제용어사전, 〈프로도 경제효과〉).

이처럼 문화콘텐츠는 국가 이미지 제고에 지대한 영향을 미치게 된다. 한국 역시 1세대 한류를 거쳐 3세대에 이르기까지 영상미디어 콘텐츠 산업과 음악 산업에서의 큰 성과를 경험하였고, 짧은 시간 동안 세계 무대에서의 국가적 위상이 크게 달라지는 것을 몸소 경험하고 있다. 2021년 UN 총회의장에서 공연과 연설을 한 BTS의 사례만 보더라도 문화콘텐츠 산업에서 보인 문화적 성과가 국가의 세계적 위상으로 이어짐을 쉽게 가늠해 볼 수 있다. 이처럼 한국의 문화를 반영하여 만들어진 콘텐츠 상품들이 널리 알려지면서 한국의 문화에 대한 관심과 이해가 증폭되었으며, 국가 이미지 및 브랜드 파워가 커지며 국가 경쟁력 제고로 이어질 수 있는 특징을 문화콘텐츠의 가치 확장성이라고 할 수 있다.

경제적 측면에서 문화콘텐츠 산업은 고부가 가치 산업이자 고성장 산업으로서의 국가적 중요성을 지닌다. 제2장에서 설명하였듯이 하나의 성공한 문화콘텐츠의 원작은 추가 비용을 크게 들이

지 않고 복제 및 유통할 수 있다. 무엇보다도 실시간 전송과 재생이 가능한 스트리밍 서비스 환경에서는 하나의 문화콘텐츠가 세계 시장에 진입하는 데에는 그리 오랜 시간이 필요하지 않게 되었다. 뿐만 아니라 원작의 IP 확장을 통해 다양한 장르로 재창조하거나, 트랜스미디어 스토리텔링을 통해 세계관을 무한히 확장할 수도 있다.

다소 오래된 사례이기는 하지만 여전히 가장 큰 성공을 이룬 한류 드라마 〈대장금〉의 경우, 총 70억 원의 제작비를 들여 총 54부작의 드라마를 제작하였는데, 해외 수출 성과만 100억 5,000만 원으로 기록되며, 제작비 대비 558%의 수익률을 기록한 바 있다(김평수·윤홍근·장규수, 2018).

더불어 드라마 〈대장금〉은 큰 사랑을 받은 중국과 대만 등 동아시아 국가들을 대상으로 테마파크와 여행 상품 등의 다양한 파생 상품을 출시하여 51억 원이 넘는 부가 수익을 거두었으며, 이후 〈장금이의 꿈〉이라는 애니메이션으로 재창조되기도 하였다.

최근 사례인 넷플릭스의 〈오징어 게임〉의 경우 알려진 총제작비는 2,140만 달러(약 294억 원)인데, 미국의 블룸버그는 〈오징어 게임〉의 경제적 효과를 8억 9,110만 달러(약 1조 2,250억 원)에 이를 것으로 전망하였다. 이는 총제작비의 40배가 넘는 규모이다.

2018년 현대경제연구원은 《BTS의 경제적 효과》라는 보고서에서 BTS의 연평균 생산 유발 효과를 약 4조 1,000억 원, 부가 가치 유발 효과는 약 1조 4,000억 원이라는 결론을 내리기도 하였으며, KOTRA는 2013년 가수 싸이의 〈강남스타일〉과 관련하여 한국의 대중문화를 통해 유럽연합(EU) 내에서 한국의 국가 브랜드 자산이 6,656억 원가량 창출되었다는 연구 결과를 발표하기도 하였다(현대경제연구원, 2018).

문화콘텐츠의 경제 효과 및 국가 홍보 효과에 대한 분석 수치들은 예측에 의존하고 있기에 100% 신뢰하기는 어렵다. 하지만 분명한 것은 한국의 문화콘텐츠 상품이 세계적 성과를 거둘 때, 그것이 상품 자체의 성공에 그치지 않고 국가의 문화적 가치로 연결된다는 것이다. 이는 결국 세계 외교 무대에서의 국가적 위상과 직결될 수밖에 없다.

2020~2021년 1년간 한국의 문화콘텐츠 산업은 6.3% 성장하였는데 이는 같은 기간 국내 총생산(GDP) 증가율의 두 배가 넘는 수치이다. 수출액은 전년 동기 대비 20.2%가 증가하였고, 종사자 수는 1.2% 증가하였다(한국콘텐츠진흥원, 2022).

이처럼 문화콘텐츠 산업은 코로나19 팬데믹 충격이 있었음에도 지속적인 성장을 보여 주고 있는 부가 가치가 매우 높은 고성장 산업인 것이다.

이처럼 문화콘텐츠 산업은 국가의 대내외적 경쟁력 확보에 직접적으로 긍정적 영향을 준다. 또한 문화콘텐츠 자체의 생산과 제작에 연계된 산업뿐만 아니라 타 분야로의 연결과 확장을 통해 부가 가치를 널리 확장할 수 있는 잠재성이 있다. 국가의 미래 먹거리로 문화콘텐츠 산업이 호명되는 단순하고도 명확한 이유이다.

02

성공하는 문화콘텐츠의 비밀:
보편성과 차별성

5. 성공하는 콘텐츠의 단순한 법칙
6. 〈킹덤〉의 보편성과 차별성
7. 〈오징어 게임〉의 보편성과 차별성
8. 〈이상한 변호사 우영우〉의 보편성과 차별성
9. 〈기생충〉의 보편성과 차별성
10. 〈사랑의 불시착〉의 보편성과 차별성

5. 성공하는 콘텐츠의 단순한 법칙

보편성과 차별성의 결합

연간 지식재산권 무역 수지 통계를 작성하기 시작한 2010년 이후 2020년에 처음으로 한국의 저작권 수지가 흑자를 기록하였다. 원래 한국의 지식재산권 무역은 휴대 전화 등의 전기·전자 제품을 제조하는 과정에서 미국 등의 국가가 보유한 특허와 실용신안권을 많이 사용하여 오래도록 적자였다. 그러다 2021년에 접어들며 역대 최대인 19억 6,000만 달러(약 2조 3,549억 원)의 저작권 수지 흑자를 냈는데, 여기서 문화예술 저작권이 낸 흑자가 3억 달러(약 3,606억 원)였다. 그중 음악 및 영상 저작권 흑자가 3억 1,000만 달러(약 3,730억 원)에 달하였는데, 영화와 애니메이션, 음악, 뮤지컬 등의 저작권 수출이 전년 동기에 비하여 40.3% 급증하였다(한국국제문화교류진흥원, 2022).

방송 프로그램 수출액(2017~2020년)

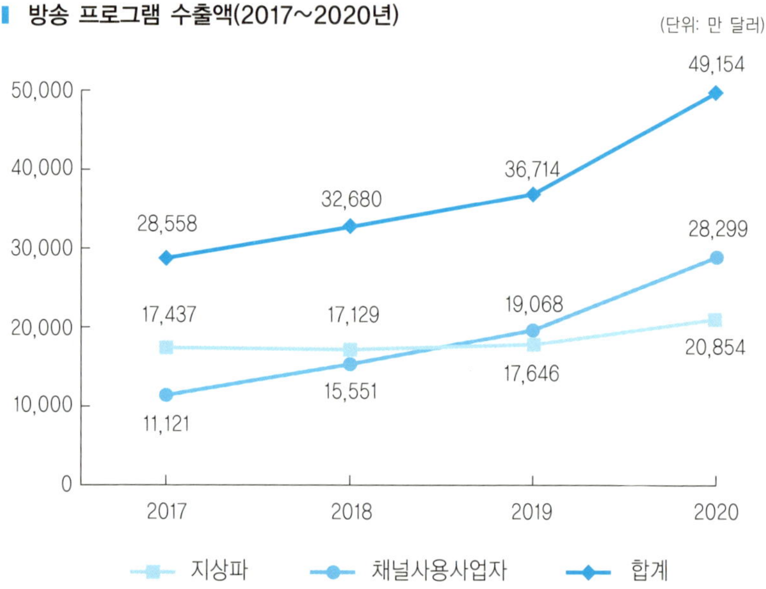

자료: 방송통신위원회(2020, 2021, 2022), 「2019, 2020, 2021 방송산업 실태조사」 자료를 바탕으로 재구성.

이른바 'K-Culture'의 중심에 있는 방송 드라마 산업 역시 세계 시장에서의 성과가 놀라운 수준이다. 2020년도 한국 방송 프로그램의 수출액은 4억 9,154만 달러(약 5,872억 원)로 전년 대비 33.9% 증가하였다. 한국 방송 프로그램 수출액은 지속적으로 증가하고 있는데, 특히 코로나19 팬데믹의 영향으로 글로벌 OTT 중심의 산업 구조 재편이 가속화되었던 2019~2020년에는 급격한 성장세를 보였다.

이처럼 점차 더 많은 한국의 콘텐츠들이 세계 시장에서 좋은 성과를 거두고 있다. 이는 곧 한국의 콘텐츠들이 세계 관객으로부터 큰 공감대를 형성하는 데 성공하였다는 의미일 것이다. 관객들의 공감을 이끌어 내기 위해서는 먼저 관객들이 콘텐츠 내용을 잘 이해해야 할 것이고, 나아가 그 안에서 보편적인 고민과 관심거리를 발견해 낼 수 있어야 한다.

하지만 시장에서 성공하는 문화콘텐츠가 되기 위해서는 보편성만으로는 부족하다. 수많은 문화콘텐츠 중에서 눈에 띌 만한 차별성을 함께 갖추어야 한다. 문화 소비자들은 늘 새로운 것을 원한다. 결국 보편적인 공감대를 색다른 방식으로 이끌어 내는 데에 성공하는 것이 문화콘텐츠의 성공을 결정하는 데 매우 결정적인 요소이다. 보편성과 차별성의 두 요소를 고루 갖추는 것이 단순하고도 강력한 성공하는 콘텐츠의 비밀인 것이다.

사실 보편성과 차별성을 동시에 갖추어야 한다는 것은 좋은 스토리의 기본적 조건이다. 사람들은 보편적이면서도 차별적인 스토리를 원한다. 여기서 보편성이라는 것은 인간의 근본적인 욕구와 생활 양식을 반영하고 있는지의 여부를 뜻한다. 같은 상황에 처해 있다면 누구나 비슷하게 경험할 수 있는 기본적인 인간의 욕

성공하는 콘텐츠의 두 요소: 보편성과 차별성

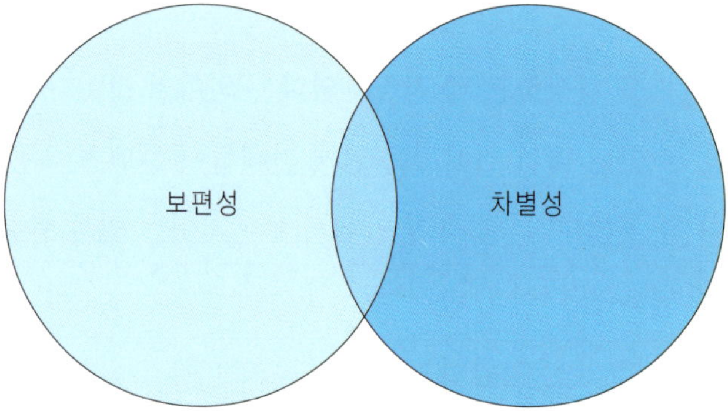

구나 느낌들을 반영하는 것이다. 예를 들면, 배고픔이나 포만감, 가려움 등과 같은 신체적 증상이 될 수도 있고, 좋아하는 사람에 대한 관심과 집착, 질투와 같은 사랑의 감정도 보편적으로 경험되는 느낌이다. 관객들은 문화콘텐츠의 스토리 속에서 자신과 비슷한 부분이 있는지를 끊임없이 찾고 공감할 수 있는 지점을 찾았을 때 기뻐한다.

그런데 이 공감대를 느끼게 하는 방식은 흔하거나 일상적이기보다 특수하고 차별적일 때 더욱 큰 사랑을 받는다. 즉, 보편적인 정서를 불러일으키는 환경이나 맥락 자체는 차별적이어야 한다. 지나치게 일상적이고 익숙한 배경이나 인물의 설정은 공감대를 불러일으키기보다 지루함을 느끼게 할 뿐이다. 때문에 보편적인 이야기는 반드시 새롭고 구체적인 차별적 맥락 위에 놓일 필요가 있다.

지금까지 세계 관객들의 큰 사랑을 받은 많은 한국 문화콘텐츠들을 보면 보편성과 차별성의 결합이라는 단순하고도 강력한 법칙을 발견할 수 있다. 그렇다면 이제부터 구체적인 사례들을 분석하며 보편성과 차별성의 결합 형태를 살펴보기로 하자.

6. <킹덤>의 보편성과 차별성

조선 시대에 좀비를 초대하다

전 세계 언론의 극찬을 받고 국제에미상 후보에까지 올랐던 넷플릭스 드라마 시리즈 〈킹덤〉은 그 어떤 작품보다도 보편성×차별성 결합의 법칙이 갖는 파괴력을 명확히 보여 준다.

당신은 좀비물 장르의 규칙을 알고 있는가? 일반적으로 좀비가 등장하는 콘텐츠에서는 다음과 같은 규칙이 암묵적으로 존재한다.

이러한 좀비물의 규칙을 처음 만들어 낸 것은 조지 로메로의 영화 〈살아있는 시체들의 밤〉(Night of the Living Dead, 1968)이다. 해당 작품에서 좀비는 영혼이 없는 인간의 형태로 사람의 피를 빨아 먹는 '살아 있는 시체'로 등장한다. 이후 다양한 작품에서 등장한 좀비의 모습들은 모두 로메로가 만들어 낸 좀비의 모습과 규칙들

[좀비물의 이야기 흔한 규칙]

1. 좀비는 사람을 뜯어먹는다.
2. 좀비에게 물린 사람은 좀비가 된다.
3. 좀비는 죽은 것과 다름없지만 몸을 움직일 수 있다.
4. 좀비는 사람과 좀비를 구분할 줄 안다.
5. 대개 머리를 공격하면 좀비가 무력해진다.
6. 좀비의 확산은 대개 인간의 이기심 때문이다.
7. 좀비는 완전한 생각을 할 수 없고 본능에 의해 주로 움직인다.

을 공유한다. 같은 감독의 두 번째 영화 〈시체들의 새벽〉(Dawn of the Dead, 1978)은 특히 유명한 작품으로, 이 영화로 인해 '좀비'라는 단어와 개념이 자리 잡혔다.

본래 서양의 괴물이었던 좀비가 한국의 문화콘텐츠에서 본격적으로 등장한 것은 영화 〈부산행〉이었다. 연상호 감독의 2016년 작품인 〈부산행〉은 서울에서 부산으로 가는 기차 안의 승객들이 좀비들에 대항하는 이야기이다. 특별히 좀비의 발생 근원에 대해 구체적인 설명을 하고 있지는 않지만 〈부산행〉은 한국의 작품 중 본격적으로 좀비를 다루어 대중적 사랑을 받은 작품이며, 이후 많은 '국산' 좀비물들이 시장에 쏟아져 나오기 시작하였다.

그중에서 2019년 시즌1이 런칭된 김은희 작가의 〈킹덤〉은 단연 한국의 문화콘텐츠 산업을 '좀비 맛집'으로 인식하게 하는 데 큰 역할을 하였다. 다른 좀비물보다도 〈킹덤〉이 세계 시장의 주목을 받은 데에는 서양의 괴물인 좀비를 조선 시대의 환경적 맥락에 안착시키는 데 성공하였기 때문이다.

관객들이 보편적으로 인지하고 있는 좀비물의 규칙을 그대로 유지하면서도 좀비와 인간의 대결이 벌어지는 배경을 조선 시대 말기로 설정하여 에피소드의 소재들과 의복과 세트 등의 시각적 요소들이 세계 관객들에게는 무척 새로웠을 것이다.

극 중 악역인 영의정 조학주 역을 맡은 배우 류승룡은 한 인터뷰에서 해외 관객들이 조선의 갓에 열광해 주는 것이 신기하였다고 밝힌 바 있다. 일부 해외 네티즌들이 〈킹덤〉을 "좀비와 모자에 대한 드라마"(중앙일보, 2019. 2. 16)라고 표현할 정도로 〈킹덤〉 속의 좀비와 조선 시대 사람들의 생활 양식과 의복 문화는 세계 관객들에게 특별하고 새로운 것으로 인지된 것이다.

좀비 발생의 근거로는 왕이 좀비의 모습으로라도 살아 있어야 권력을 쟁취할 수 있는 상황을 설정하여 조선 시대의 실제 정치적 배경을 충분히 활용한 이야기의 차별적 요소를 구축해 냈다. 이처럼 〈킹덤〉은 모두가 알고 있는 좀비의 규칙에 한국의 전통문화적 요소들이 성공적으로 안착하여 보편성과 특수성의 결합이 이루어진 대표적인 사례라고 볼 수 있다.

이후에도 해외 시장에서 나름대로 성공적인 반응을 얻은 한국의 좀비물들은 저마다의 차별적인 요소들을 유지한 작품들이었다. 넷플릭스 시리즈인 〈지금 우리 학교는〉은 교육 열기가 뜨거운 한국의 일반 고등학교 환경에 좀비를 등장시켰으며, 좀비 등장의 근거로 학교 폭력이라는 사회적 주제를 활용하였다. 또한 좀비의 규칙에 다양성을 적용하여 일반적 사고를 할 수 없는 평범한 좀비와 인간처럼 사고하고 행동할 수 있는 인간-좀비의 경계에 선 좀비를 같이 등장시켜 새로운 이야깃거리를 만들어 냈다. 보편적인 좀비물의 규칙에 차별적 요소들을 결합하여 세계 관객들에게 새로움을 경험하게 한 것이다.

7. <오징어 게임>의 보편성과 차별성

한국 전통 놀이로 벌이는 생존 게임

세계 관객 1억 1,100명이 보았다는 넷플릭스 드라마 시리즈 〈오징어 게임〉의 시장 성공에 대해서는 더 이상 강조할 필요가 없을 것이다. 넷플릭스 공개 후 4주간 16억 5,045만 시청 시간을 기록하며 역대 1위로 94개국에서 가장 많이 본 작품의 반열에 올랐으며 미국 로스앤젤레스에서는 작품이 사회적으로 미친 영향력을 기념해 9월 17일을 '오징어 게임의 날'(Squid Game Day)로 지정하기도 하였다. 이처럼 한국 드라마의 세계 기록을 새롭게 써나간 〈오징어 게임〉은 2022년 미국 방송계 최고 권위의 에미상 시상식에서 남우주연상을 비롯하여 6관왕을 차지하는 기염을 토하기도 하였다.

그렇다면 〈오징어 게임〉가 담고 있는 보편성은 무엇일까? 456

억 원이라는 상금을 최종 승자가 모두 갖게 되는, 목숨을 건 데스 게임의 맥락이 바로 〈오징어 게임〉이 글로벌 시장 오디언스에게 새로우면서도 낯설지 않게 다가갈 수 있었던 보편성 코드라고 할 수 있겠다.

데스 게임을 주제로 하여 목숨을 건 게임으로 최종 승자를 가리는 이야기를 담고 있는 콘텐츠들은 〈헝거 게임〉 시리즈(2012~2015), 〈메이즈 러너〉(2014), 〈배틀로얄〉(2002) 등 무수히 많다. 그 속에서 〈오징어 게임〉은 크게 새로울 것 없는 생존 게임 코드로 어떻게 세계 관객들의 눈을 그렇게까지 사로잡았을까?

한국 어린이들의 전통 놀이 소재들을 차별적 요소로 활용한 것이 〈오징어 게임〉 이야기의 특수성과 차별성을 구축한 주요 요소로 볼 수 있을 것이다. '무궁화 꽃이 피었습니다', '뽑기', '구슬치기' 등 아이들이 즐겨하는 놀이가 목숨을 건 생존 게임이 되었을 때, 한국 관객들과 외국 관객들은 각각 다른 낯섦과 새로움을 느꼈을 것이다.

한국 관객의 경우 어린 시절의 동심을 떠오르게 하는 귀엽고 사랑스러운 게임이 사람을 죽이고 살리는 공포의 게임들로 둔갑한 극의 설정을 보고 상당한 아이러니와 새로움을 경험하였다. 한편 외국 관객들의 경우 흔히 접해 보지 못하였던 한국 아이들의 소소하고 앙증맞은 전통 놀이 자체가 새로움으로 다가갔다. 일반적으로 〈헝거 게임〉이나 〈메이즈 러너〉와 같은 데스 게임 영화에서는 무기를 사용하거나 탈출을 위해 계속해서 달리거나 하는 등의 생존 방식을 보여 주고 있다. 거대한 규모의 대립을 보였던 기존의 데스 게임물에 비해 단순하고 순수한 어린이들의 게임을 통해 생존하게 되는 〈오징어 게임〉은 세계 관객들에게 낯설고 새로운 문화적 맥락을 선사한 것이다.

이러한 이유로 〈오징어 게임〉의 성공 이후 해당 게임들에 대한 관객들의 관심은 실제로 치솟기도 하였다. 미국과 영국 등지에서는 관객들의 자발적인 〈오징어 게임〉이 진행되기도 하였고, 온라인 공간에서는 온갖 패러디 콘텐츠들이 앞다투어 업로드되었다. 이 같은 팬들의 자발적인 활동이 〈오징어 게임〉의 시장 가치를 더욱더 올려 준 것은 자연스러운 결과였다. 전무후무한 세계적 성공을 거둔 〈오징어 게임〉의 이야기도 결국 보편적인 이야기를 차별적 요소들을 활용하여 전달한 사례인 것이다.

8. <이상한 변호사 우영우>의 보편성과 차별성

자폐 스펙트럼 장애인의 자수성가

2022년 여름, 한국 방송계는 말 그대로 '우영우 열풍'이었다. ENA라는 KT 계열 케이블 채널에서 제작 및 방영된 〈이상한 변호사 우영우〉는 넷플릭스를 통해 세계 시장에 동시 런칭되었고, 총 54개국에서 시청 순위 10위 내에 자리매김하였으며, 일본, 멕시코 등의 국가에서는 1위를 차지하였다(집계 기간: 2022. 8. 15~21). 처음에는 10개 언어로 번역되어 방송이 시작되었는데, 본방송 이후 인기가 올라가며 아시아를 넘어 남미, 유럽 국가 등지에서도 큰 사랑을 받으며 총 31개국 언어로 자막 서비스를 확대하기도 하였다. 미국의 포브스지는 2022년 8월 24일 "흥미로운 법정 사례를 선보이며 다양성에 내재한 아름다움을 보여 준다"고 평하였고, 아르헨티나 언론사 클라린은 "이 드라마가 전 세계에서 큰 인기를 얻는 이유는 우영우의 사회성 결여를 바탕에 둔, 그러나 동시에 선입견이나 감정에 사로잡히지 않는 자유로운 사고방식 때문"이라고 분석하기도 하였다.

천재적 두뇌와 자폐 스펙트럼 장애를 동시에 가진 변호사 우영우를 주인공으로 한 이 작품은 다양한 사건 해결을 통해 극중 우영우(배우 박은빈)가 진정한 변호사로 성장하는 내용을 담고 있다. 이 작품이 보여 주는 보편적 이야기 요소는 말 그대로 영웅의 자수성가를 다루었다는 점이다. 남다른 주인공이 갖은 고생과 역경을 딛고 꿈을 이루는 이야기는 오래된 영웅 이야기 공식 중 하나다.

대중의 사랑을 받아온 영웅 이야기의 대표적 구조는 크게 ① 전통적 영웅 신화, ② 현대적 영웅의 여정의 두 가지로 살펴볼 수 있다. 먼저 '전통적 영웅 신화'는 태어나면서부터 비범한 능력을 보였던 주인공이 갖은 고초와 고난을 겪으며 진정한 영웅으로 거듭난다는 이야기 구조로, 예로는 〈주몽〉, 〈선덕여왕〉, 〈마의〉 등의 드라마에서 찾아볼 수 있다. 두 번째 '현대적 영웅의 여정'은 약점을 지닌 주인공이 어떤 임무를 수행하는 과정에서 약점을 극복하고 스스로 승리하는 이야기 전개로, 영화 〈말아톤〉, 〈극한직업〉, 〈승리호〉, 드라마 〈이태원 클라쓰〉 등의 주인공들이 바로 여기에 해당한다.

〈이상한 변호사 우영우〉의 스토리 역시 현대적 영웅의 여정에 속한다고 볼 수 있다. 남들에 비해 자폐 스펙트럼이라는 분명한 약점을 지닌 주인공은 진정한 변호사로 인정받고 장애를 극복하기 위해 갖은 노력과 시련을 경험하고, 끝내 변호사로서의 실력은 물론 개인의 삶의 영역에서도 주체성을 회복하여 독립적 성인으로서 인정받게 된다. 또한 성장 과정에서 기존의 사회가 보살피지 못하였던 많은 사회적 문제들을 제기하고 해결하며 권선징악의 전통적 방향성을 유지하고 있기도 하였다.

이 드라마가 방영되기 전 한국의 드라마에서 자폐 스펙트럼을 가진 장애인이 주인공으로 전면에 나서는 일은 드물었다. 실제로도 아직 한국 사회에서 장애인은 평범한 일상 속에서 잘 보이지 않는 경향이 있으며, 사회 구성원의 다양성을 담아내어야 할 언론과 미디어 콘텐츠에서 장애인을 진지하게 다루는 일은 극히 일부분이다. 이러한 환경에서 자폐 스펙트럼을 가진 장애인을 극 전면에 주인공으로 내세웠다는 점은 관객들로 하여금 낯설고 새로운 경험을 하게 해주었다. 드라마 방영 이후 자폐 스펙트럼뿐만 아니라 우리 사회의 많은 장애인들에 대한 인식 개선이 필요하다는 사회적 공감대가 형성된 것 역시 자연스러운 결과였다.

이처럼 〈이상한 변호사 우영우〉는 관객들이 가장 익숙하게 생각하는 이야기인 '현대적 영웅 서사'를 전달하면서, 자폐 스펙트럼 장애를 가진 변호사라는 인물을 차별적으로 설정하여 보편성과 차별성의 결합을 완성해 내었다.

9. <기생충>의 보편성과 차별성

서울 도시 공간의 역사와 계급 불평등

2019년 5월 칸 영화제에서 황금종려상을 받은 봉준호 감독의 영화 〈기생충〉은 비영어권 영화 최초로 2020년 미국 아카데미 시상식의 작품상을 받았다. 2020년 2월까지 〈기생충〉은 해외에서 열린 56개 시상식에서 127개의 트로피를 거머쥐었다. 아시아와 한국의 영화사를 새로 썼다는 평가를 받고 있는 〈기생충〉은 국내에서도 1,000만 관객을 돌파하며 대중성을 인정받았다.

영화가 화제가 되면서 영화 속에 등장하는 '짜파구리'를 비롯한 각종 한국 음식 레시피가 인기를 끌기 시작하기도 하였다. '알라모 드래프트 하우스 시네마'라는 음식이 함께 서빙되는 미국의 극장에서는 영화에서 영감을 받은 메뉴들을 선보이기도 하였다.

음식도 화제였지만 세계 언론의 관심을 가장 많이 받은 것 중 하나는 계급 투쟁을 그려낸 공간의 설정이었다. 부자와 가난한 자가 사는 공간을 언덕 위의 대저택과 저지대의 반지하로 설정하고, 가진 자와 못 가진 자 사이의 불평등을 시각적으로 그려내었다.

영화 속에서 계급 불평등을 주제로 다루는 것은 전혀 새로운 일이 아니다. 한국만 보더라도 정말 많은 드라마가 부자와 가난한 자의 계급 불평등을 주요 소재로 삼고 있다. 예를 들어, 〈스카이캐슬〉(2018), 〈펜트하우스〉(2020~2021), 〈금수저〉(2022) 등의 텔레비전 드라마들은 모두 가진 자의 횡포에 대항하는 못 가진 자의 투쟁을 그려 낸다. 영화 〈하녀〉(2010)와 〈돈의 맛〉(2012), 〈설국열차〉(2013)과 같은 작품들 역시 계급 불평등의 문제를 다루며 시각적으로 계급 차이를 그려 낸 작품들이다.

그렇다면 〈기생충〉의 차별성은 무엇일까? 영화 〈기생충〉에서 부잣집 가족이 살고 있는 언덕 위의 저택과 대비되는 공간인 남루한 반지하는 폭우가 내리면 물이 차 들어오는 저지대에 위치한다. 영화 속 계급 불평등을 공간적 높고 낮음으로 표현하는 것은 드라마 〈펜트하우스〉나 영화 〈하녀〉 등에서도 시도되었는데, 〈기생충〉의 공간 설정에는 한국만이 경험한 독특한 역사적 경험이 녹아 있다.

1970년 군사 정권 당시, 전시에 방공호 등의 군사 목적으로 사용하기 위해 단독 주택이나 다세대 주택 등을 지을 때 지하실을 의무적으로 만들어야 하도록 건축법이 개정되었다. 이 때문에 집집마다 지하실이 만들어졌으며, 처음에는 창고 용도로 많이 쓰이게 되었다. 그러나 1980년대 서울 등 대도시의 도시화가 급격히 진행되면서 도심 내 인구가 폭증하기 시작하였고, 본래는 사람이 살 목적으로 만들어지지 않았던 반지하에도 세를 놓게 된 것이다. 당시 반지하에 세를 놓는 것은 불법이었지만 주택 공급이 턱없이 부족한 현실에서 정부는 묵인하였다. 하지만 지하실은 사람이 살기에는 너무 열악하였고, 1984년 정부가 주택법을 개정해 지하층의 일부를 지상으로 연결하여 통풍과 채광이 어느 정도는 가능하도록 변경할 수 있게 되었다. 반지하라는 독특한 공간이 시작된 지점이다. 이처럼 반지하라는 공간에는 한국 군사 정권의 역사와 도시 개발의 역사가 고스란히 묻어 있는 것이다.

빈부 격차와 계급 갈등은 전 세계 어디서나 경험되고 있는 보편적 문제이다. 자본주의 사회 내의 계층 간 갈등이라는 세계 공통의 사회 문제를 다루면서도 한국 도심 공간 내의 역사적 요소들을 제시하여 특정 국가의 역사적 공간을 통해 차별성을 구축하고, 이를 기반으로 보편적 이야기를 전달해 내며 많은 이들의 공감을 이끌어 낸 것이다.

10. <사랑의 불시착>의 보편성과 차별성

비무장 지대에서 피어난 로맨스물의 공식

2019년 12월 중순 케이블 채널 tvN에서 첫 방영된 드라마 〈사랑의 불시착〉은 남한의 여성 사업가와 북한군 장교 간의 사랑 이야기이다. 이듬해 초 글로벌 OTT 넷플릭스에서 서비스되기 시작하면서 국내 인기를 넘어 아시아 전역에서 시청률 10위권 안에 들었으며, 2020년 2월 4일부터 5월 3일까지 집계된 데이터를 기준으로 대만 내 한국 드라마 TOP10에서 압도적 1위를 차지하였다. 일본에서는 2000년대 초반 드라마 〈겨울연가〉(2002)의 한류 열풍을 능가하는 인기를 누려 여러 차례 화제가 되었다. 하지만 〈사랑의 불시착〉을 사랑한 것은 아시아 관객들뿐만이 아니었다. 코로나19로 인한 사회 격리 기간(2020. 3. 21~27)동안 〈사랑의 불시착〉은 세계에서 가장 많이 시청된 넷플릭스 TV 쇼와 영화 순위에서 전체 6

위를 기록하였다고 미국의 옵서버는 밝혔다.

남한 여자와 북한 남자 간의 사랑을 그린 〈사랑의 불시착〉의 로맨스는 1813년 최초 발행된 제인 오스틴의 소설 〈오만과 편견〉이 만들어 낸 로맨스물 공식에서 크게 벗어나지 않는다.

〈오만과 편견〉의 여주인공 리지는 가난한 딸부잣집 출신으로 시대가 원하는 여성상과는 거리가 먼 발랄하고 털털한, 사교 활동보다는 책 읽기를 좋아하는 당찬 여성이다. 한편, 남주인공 다아시는 부잣집 도련님으로 까칠하고 거만한 성격의 소유자로 등장한다. 두 사람은 서로의 배경 차이와 주위 사람들의 방해와 반대로 힘들게 관계를 완성해 가고, 여러 우연이 겹치며 사랑을 느끼게 되는 두 사람을 온갖 방해자들이 갈라놓으면서 두 사람의 사랑은 더욱 애틋해진다.

〈사랑의 불시착〉의 여주인공 윤세리(손예진)은 재벌 상속녀이자 사업가이고, 남주인공 리정혁(현빈)은 북한의 특급 장교이다. 현실 세계 속에서 불가능한 서로의 만남은 윤세리가 패러글라이딩을 하던 도중 돌풍을 만나 북한 땅에 불시착하게 되며 시작된다. 단순한 계급 차이가 아닌 남한-북한의 설정은 두 사람을 만남부터 온갖 방해 요소로 둘러싸이도록 하는 데 부족함이 없다. 북한 내부의 권력 다툼과 남한 재벌가 내부의 권력 다툼으로 인한 온갖

고난과 역경은 두 사람의 사랑을 더욱 애틋하게 만들어 주고, 자유롭게 국경을 넘나들 수 없는 물리적 상황 설정은 두 연인의 만남을 극적으로 만드는 데 더할 나위가 없는 것이다.

〈오만과 편견〉의 로맨스물 공식이 적용되지 않는 로맨스 스토리는 사실 찾아보기 힘들다. 한류의 시초가 되었던 〈겨울연가〉(2002)부터 〈파리의 연인〉(2004), 〈시크릿 가든〉(2010), 〈별에서 온 그대〉(2013) 등 세계 시장에서 큰 사랑을 받았던 한국 드라마 콘텐츠들은 모두 동일한 공식으로 분석할 수 있다.

〈사랑의 불시착〉이 아시아권을 넘어 세계의 사랑을 받을 수 있었던 데에는 전 세계인들의 호기심을 자극하는 남북관계의 소재를 로맨스물의 배경으로 적절히 승화시키며 천편일률적인 로맨스물 사이에서 차별성을 구축하였기 때문이다. 물론 넷플릭스와 같은 글로벌 OTT 플랫폼의 대중화도 큰 몫을 하였지만 같은 환경을 공유하는 수많은 작품 중 독보적인 성과를 낸 데에는 로맨스물의 보편적 재미에 남한의 여성과 북한의 남성의 사랑이라는 차별적 스토리를 잘 녹여 낸 덕분이라고 볼 수 있다.

02

03

뉴노멀 시대의 문화콘텐츠: 현황과 전망

04

11. 인공 지능 시대, 인간 창의성의 가치
12. 가상과 오프라인의 공존
13. 소유의 종말
14. 문화콘텐츠를 만드는 이들

11. 인공 지능 시대, 인간 창의성의 가치

창의 노동자의 역할

네스타(NESTA)의 대표 제프 멀건은 "인공 지능(AI)이 그림을 그리고 작곡을 하는 4차 산업 혁명의 시대, 인간이 갖는 창의력은 더욱 중요해질 것이다"라고 말한 바 있다. 이른바 4차 산업 혁명 시대가 본격화되면 문화콘텐츠 산업의 구조가 변화될 것이라는 전망이 이어졌는데, 특히 인공 지능 기술의 발전은 기존 예술가들의 자리를 위협할 것이라는 회의적인 전망이 적지 않았다.

인공 지능은 뇌 신경망과 유사한 구조로 데이터를 입력 및 처리하여 인간의 지각, 추론, 학습 능력 등을 모방한 컴퓨터 기술이다(고성민·정유나, 2020).

이미 문화콘텐츠 분야에서 인공 지능 기술의 활용은 일상화되어 가고 있다. 빅데이터와 결합한 큐레이션 서비스는 소비자들로

하여금 자신이 원하는 문화콘텐츠를 빠르게 찾을 수 있도록 돕고 있으며, 소위 말하는 '알고리즘'을 통한 콘텐츠 추천 서비스에 이젠 많은 사람들이 익숙해져 있다. 인공 지능을 통한 실험적 창작 활동도 지속적으로 증가하고 있다. 인공 지능이 영화 시나리오를 쓰기도 하고, 작곡이나 그림을 그리기도 한다. 인공 지능 작곡 프로그램 에밀리 하웰(Emily Howell)은 앨범을 발매하기도 하였으며, SNS에 사진이나 동영상을 공유할 때 저작권 걱정 없는 음악을 즉석에서 작곡해 주는 프로그램도 상용화된 지 오래다. 예일 대학교가 개발한 '쿨리타'라는 인공 지능 작곡 프로그램은 바흐의 곡을 딥러닝으로 학습하여 바흐 스타일의 곡을 작곡하였는데, 100명의 실험자에게 들려준 결과 바흐의 곡이 아닌 것을 인지하지 못하기도 하였다.

그런가 하면 주문한 대로 그림을 그려 주는 '미드저니'와 같은 프로그램은 구체적으로 원하는 그림의 내용과 콘셉트, 분위기 등을 입력하면 사용자가 원하는 그림을 즉석에서 그려 준다. 이렇게 만들어지거나 그려진 인공 지능을 통한 창작물들을 위한 경연 대회가 열리기도 하고, 때로는 일반 경매에 올라 높은 금액으로 낙찰되기도 한다. 인간 고유의 특성으로 알려져 있는 창의성을 인공 지능이 발휘할 수 있는지에 대해서는 보다 심도 있는 논의가 필요하겠지만 이처럼 인공 지능의 창작과 기획 활동은 이미 우리 현실 속에서 진행 중인 것이 사실이다.

그렇다면 미래에는 문화콘텐츠를 기획하고 제작하는 데 필수적이라고 믿어져 왔던 인간의 창의성이 더 이상 필요해지지 않는 것일까?

고정민과 정유나(2020)는 이에 대해 4가지 시나리오를 제시하고 언젠가는 인공 지능이 인간의 창의성을 뛰어넘을 것이라고 보고 이에 대비할 필요가 있다고 전망하기도 하였다. 또한 인공 지능이 주력이 된 사회에 대비한 새로운 교육 시스템의 마련이 필요하다고 덧붙였다.

더 이상 인공 지능의 역할을 축소하여 해석할 수 없는 시대가 도래한 것에 대해 부정할 수는 없다. 그러나 현재 인공 지능이 창작을 위해 학습하는 과정을 들여다본다면 조금 다른 생각을 해볼 수도 있다.

네스타의 제프 멀건은 현재 인공 지능이 학습을 통해 새로운 것을 만들어 내는 과정은 과거의 창작품을 그대로 모방하며 자신만의 스타일을 만들어 내는 예술 분야의 도제 방식과 유사하다고 보았다. 실제로 앞서 언급한 '쿨리타'나 '미드저니'와 같은 프로그램은 딥러닝을 통해 인간의 창의성을 바탕으로 창작된 과거의 산물을 학습하고, 이와 유사한 결과물을 새로운 방식으로 만들어내는 원리를 공유하고 있다. 또한 어떤 결과물을 만들어낼 것인가에 대한 명령은 여전히 인간의 몫임을 주목할 필요가 있으며, 결과물에 대한 가치 판단 역시 인간의 역할로 남는다.

전통적으로 문화콘텐츠 산업과 같은 시장 환경에서 창의성의 정의는 새로움(novelty)과 가치(value)가 결합된 것이라고 동의된다. 다른 이들이 시도하지 않았던 새로운 차별성을 지녀야 함과 동시에 주어진 맥락에서 가치를 발휘하는, 즉 소비자의 공감을 이끌어내는 것이어야 한다.

인공 지능 프로그램 '벤자민'이 만든 시나리오로 단편 영화를 만든 오스카 샤프 감독은 인공 지능이 인간의 위치를 대체하기보다 인간의 창의력을 오히려 높여 주는 조력자 역할을 한다고 강조한다. 창작 과정에서 필요한 다양한 업무들이 있는데, 그중 인간의 입장에서 매우 긴 시간을 필요로 하는 과거 작품들에 대한 분석이나 공통된 법칙을 찾는 등의 업무를 인공 지능을 통해 해결하고, 인간은 이를 활용하여 오히려 더 창의적인 결과물을 만들어낼 수 있다는 것이다.

이처럼 인공 지능 창작 과정에서 인간은 방향성을 제시하고 그 결과물을 어떻게 활용할 것인지에 대해 판단을 내리는, 해당 창작물의 가치를 판단하는 데 핵심적인 역할을 할 수밖에 없다.

초대 문화부 장관이자 문학평론가인 이어령은 한 인터뷰에서 인공 지능에 대해 이렇게 말한 바 있다. 말과 인간은 직접 경주해야 하는 것이 아니라 말에 인간이 올라타야 하는 것처럼, 인간이 만든 인공 지능을 인간이 어떻게 컨트롤할 것인가를 고민해야 한다고 말이다.

앞서 저자는 성공한 콘텐츠의 비밀로 '보편성'과 '차별성'의 결합을 강조한 바 있다. 결국 인간의 보편적 공감을 일으킬 수 있는 콘텐츠를 만들어 내기 위해서는 직감과 공감력 같은 인간만이 경험하고 발휘할 수 있는 역량을 지닌 창의 노동자들의 역할이 여전히 중요하다고 할 수 있다. 인공 지능의 기술을 적극 활용하면서도 인간 본연의 공감 능력과 측은지심, 사랑과 헌신 등의 가치를 충분히 알고 있는 인간의 역할은 여전히 중요할 것이다.

12. 가상과 오프라인의 공존

메타버스는 창조적 파괴를 이끌 것인가

미국의 유명 힙합 뮤지션 트레비스 스콧(Travis Scott)은 2020년 4월 23일 메타버스 공연을 펼쳤다. 가상 공간에는 약 1,200만 명의 접속자들이 참석하였고, 스콧의 3D 아바타는 신곡 발표는 물론 실제 공연장에서는 연출하기 어려운 퍼포먼스들을 선보였다. 공연이 진행되는 동안 유저들은 공간적 제약 없이 원하는 위치에서 자유롭게 공연을 관람하며 가상 공간에서의 특별한 경험을 만끽하였다. 1년여 후 열린 미국 텍사스 휴스턴 아스트로월드 축제에서의 그의 실제 공연은 말 그대로 성황리에 개최되었는데, 수만 명의 관객들이 무대 앞으로 몰리며 8명이 압사하는 참사까지 벌어졌다.

메타버스는 현실을 초월하여 구축된 가상 세계에 접속한 사람들이 새로운 정체성이 부여된 아바타를 통하여 소통과 상호 작용을 가능하게 하는 디지털 세계이다. 2007년 미국 가속화 연구재단(Acceleration Studies Foundation)은 메타버스의 유형을 '증강과 시뮬레이션', '내적 요소와 외적 요소'라는 두 축을 중심으로 ① 증강현실(augmented reality), ② 라이프로깅(lifelogging), ③ 거울 세계(mirror worlds), ④ 가상 세계(virtual worlds)로 분류한 바 있다. 증강 현실은 물리적인 공간이나 사물에 가상의 이미지를 구현하여 현실 속 사람과 사물이 가상의 개체와 상호 작용하는 것이며(예: 포켓몬 GO, 아마존 AR 쇼핑 등), 라이프로깅은 인간의 신체나 감정 등의 정보를 기기에 저장 및 가공하여 가상 공간에 재현하는 서비스이다(예: 페이스북 360, 나이키 트레이닝 클럽 등). 거울 세계는 실제 물리적인 공간을 가상 공간 내에 사실적으로 재현하고 부가 정보를 추가해 제공하는 서비스로 구글 어스나 업랜드 등이 그 예이다. 마지막으로 가상 세계를 전체를 컴퓨터 그래픽으로 구현한 것으로 세컨드라이프, 포트나이트 등이 있다. 스콧이 공연을 펼친 곳이 바로 포트나이트이다.

미술계에서도 메타버스를 활용한 다양한 시도들이 진행되고 있다. 구글 아트 앤 컬쳐(Google Art & Culture)는 비영리 온라인 전시 플랫폼으로 세계 유수 박물관과 미술관의 전시 자료들을 디지털

화하여 가상 현실로 서비스하고 있으며, AR 어플리케이션을 활용하여 실제 전시 경험과 유사한 서비스도 제공하고 있다(위정현, 2022).

뿐만 아니라 문화예술 교육 현장에도 메타버스 기술은 적극적으로 실험되고 있다. 코로나19 팬데믹으로 인해 계속 높아져 온 비대면 서비스의 필요성으로 인해 일부 학계에서는 메타버스 공간에서 문화예술 기획 실습을 다양한 방식으로 시도하고 있다.

이와 같은 디지털 공간 경험의 확대가 아날로그의 가치 소멸을 가져올 것이라는, 이른바 '창조적 파괴'(creative disruption) 현상이 일어나게 될 것이라는 우려 섞인 시각도 적지 않다. 창조적 파괴는 경제학자 조지프 슘페터(Joseph Schumpeter)가 낡은 기업 경영 프로세스와 운영 방식들은 혁명적 산업 변화에 의해 소멸될 수 있다는 것을 설명하기 위해 처음으로 사용한 표현이다(데이비드 색스, 2017).

실제로 디지털 기술의 발달로 인해 낡은 방식의 비즈니스 모델을 갖고 있던 많은 기업들이 문을 닫거나 새로운 방식의 비즈니스 모델을 찾아갔다. 이와 같은 현상들을 지켜보던 많은 이들은 디지털 기술의 효율성과 합리적 가격을 아날로그 업종이나 서비스, 상품이 대적할 수 없게 될 것이라고 입을 모았다. 실제로 인터넷 상업화의 확장과 IT 산업의 발달은 제조업이나 부동산, 금융과 같은 전통적 주류 산업들을 약화시켰고, 디지털 경제는 전 세계의 미래를 좌우할 것이며, 제조업이나 공예 등과 같이 전통적 방식의 인건비를 필요로 하는 많은 산업 영역들은 도태될 것이라는 시각이 대두되었다.

하지만 그러한 문제의식이 팽배하였던 2000년대 초반으로부터 20여 년이 흐른 지금, 문화 영역의 소비는 조금 다른 모습을 보이고 있다. 스트리밍 음원 서비스에 익숙해진 이들은 다시 LP 레코드판을 수집하기 시작하였다. 미국 음반산업협회에 의하면 LP 판매량은 지속적으로 증가하고 있으며, 2015년 LP 판매 수입은 전체 음악 판매 수입의 25%에 근접하였다. 만질 수 없는 데이터로서의 음악은 음악 애호가들에게 물리적 결핍을 가져왔고, 편리하지도 가볍지도 않은 LP 레코드판과 턴테이블의 수요는 지속적으로 높아지고 있다.

공연 산업 역시 마찬가지이다. 이제 가수들은 음원 판매 수익을 목표로 하지 않는다. 디지털 음원은 하나의 홍보 수단으로 인식되며, 궁극적으로는 오프라인에서 팬들을 만나는 공연 산업이 음악 산업의 가장 중요한 비즈니스 영역이 되었다. 코로나19 팬데믹으로 인해 많은 공연들이 비대면 서비스를 시도하였지만, 공연 관객들은 결코 오프라인 공연만이 갖는 매력과 가치를 온라인 공연에서 채우지 못하였다. 위에서 언급한 트래비스 스콧의 공연 예시만 보아도 그러하지 않은가.

휴대폰 하나로 메모부터 일정 관리가 충분히 가능한 지금도 종이 다이어리의 인기는 식지 않았고, 디지털 네이티브로 불리는 10대들 사이에서는 일명 '다꾸'(다이어리 꾸미기)가 유행이다. 디지털 사진을 일상 속에서 자주 찍으며 사진에 관심을 가지게 된 이들은 필름 카메라의 매력을 찾기 시작하였고, 필름 산업은 다시금 부활하고 있다.

출판 산업 역시 마찬가지이다. 전자책의 등장으로 종이책의 소멸이 한때 우려되었고, 실제로 많은 서점들이 폐업하기도 하였다. 하지만 이에 대한 반작용으로 수많은 독립 서점들이 저마다의 콘셉트와 매력을 내세우며 골목 상권을 부상시키는 데 한몫을 하고 있다.

이처럼 손으로 직접 만지고 느낄 수 있는 아날로그의 가치는 여전히 문화 소비자들에게 중요하게 여겨지고 있다. 가상 공간과 디지털 서비스의 무형성은 문화 소비자들의 다양한 경험에 대한 욕구를 충분히 채워 주지 못하는 것이다.

애플사이 애플스토어 성공 사례 역시 같은 맥락에서 이해가 가능하다. 전 세계 도심의 가장 번화한 거리 중심에 위치한 애플스토어는 애플 기기들을 가장 비싼 가격으로 파는 곳이다. 인터넷을 통하면 다양한 할인 혜택과 비교 서비스를 통해 보다 저렴한 가격으로 살 수 있지만, 많은 '애플 애호가'들은 일부러 애플스토어를 찾는다. 그 이유는 무엇일까? 애플스토어의 크루들과 아날로그적인 친밀감을 경험하고, 다양한 기기들을 직접 만지고 체험해 보며 애플의 문화를 경험하고자 하기 때문이다. 이는 가상 공간에서의 체험이 현실 세계에서의 실질적 경험에 대한 욕구로 이어지는 경향을 보여 주기도 한다.

앞으로 문화콘텐츠 산업에서는 보다 다양한 메타버스 관련 기술의 도입과 실험이 진행될 것이다. 물리적 시공간의 제약을 벗어난 가상 공간의 구현과 가상 정체성을 통한 소통의 시도도 지속될 것이다. 그러나 이와 같은 시도들이 문화콘텐츠 산업 내의 아날로그 시장을 유의미하게 위협하여 '창조적 파괴'의 결과를 가져올 것 같지는 않다. 오히려 가상 공간에서의 경험은 소비자들을 오프라인으로 이끌어 내고, 오프라인 경험의 가치는 더욱 더 높아질 수 있다.

트래비스 스콧은 오프라인 공연을 하며 메타버스 공연과 관련된 각종 굿즈를 판매하여 상당한 수익을 창출한 바 있다. 소비자들은 여전히 물리적 소유와 경험을 원하며, 가상 공간에서의 독특한 체험들은 그들을 오프라인에서의 희소적 경험에 대한 열망을 갖도록 이끌 것이다.

13. 소유의 종말

NFT의 부상과 문화콘텐츠 산업의 미래

미국의 경제학자 제러미 리프킨(Jeremy Rifkin)은 2000년 저서 《소유의 종말》(The age of access)에서 앞으로의 경제생활은 물건에 대한 물리적 소유가 아닌 서비스와 경험 자체에 대한 연결성이 지배하게 될 것이라고 보았다. 이를 리프킨은 '접속의 시대'라고 불렀다(J. Rifkin, 2000).

그로부터 20여 년이 지난 지금, 어쩌면 '접속의 시대'가 실제로 시작되고 있는지도 모르겠다. 최근 문화예술 콘텐츠 시장의 변화를 들여다보면 물리적 소유가 아닌 블록체인 기술 기반의 가상자산인 NFT 시장이 급부상하고 있기 때문이다.

NFT는 '대체 불가능한 토큰'(non-fungible token)의 약자로, 디지털 자산의 소유권을 블록체인을 이용해 증명하는 일종의 디지털

등기 시스템이다(홍기훈, 2022).

디지털 파일의 소유자가 서버까지 소유하는 경우는 거의 없기에 디지털 공간에 있는 콘텐츠의 소유권을 증명하기 위해서 블록체인 기술을 기반으로 하는 독특한 개념의 증명서를 고안해 낸 것이다.

문화예술 콘텐츠 NFT 시장이 주목받기 시작한 데에는 몇몇 화제의 사례들이 큰 몫을 하였다. 2021년 3월, 트위터(Twitter)의 창립자 잭 도시(Jack Dorsey)가 올린 최초의 트위터 글이 무려 약 38억 2,500만 원에 팔렸고, 같은 달 비플(Beeple)의 작품 〈매일: 첫 5000일〉은 크리스티 경매에서 약 780억 원에 낙찰되기도 하였다. 두 사례에서의 구매자들은 모두 서버에 저장되어 있는 디지털 이미지 파일을 구매하였으며, 그들이 구매한 후에도 누구나 인터넷상에서 해당 이미지와 그림을 지속적으로 감상할 수 있었다. 이들은 소유를 위한 소비가 아닌, 경험과 서비스에 대한 공식적 연결성을 구매한 것이다.

미술계뿐만 아니라 스포츠 분야도 NFT에 뛰어들었다. 2022 베이징 동계 올림픽 국가 대표팀의 디지털 카드가 NFT로 발행되기도 하였고, NBA 톱 샷(Top Shot)은 주요 경기 영상을 NFT화해서 판매하는 것으로 농구 팬과 관계자들의 전폭적 지지를 받았다(이경민, 2022).

최근에는 PFP(Profile Picture) 프로젝트도 인기를 얻고 있다. 유가랩스(Yuga Labs)의 BAYC(Board Apes Yacht Club) NFT가 대표적인 예시다. PFP란 말 그대로 온라인상의 프로필 사진으로 사용할 수 있는 이미지로, 기존의 작품을 재활용한 것이 아니라 알고리즘이 무작위로 눈코입과 피부색, 옷, 얼굴 형태 등을 조합하여 생성한 희소한 제너레이티브 NFT이다. BAYC는 최초 0.08이더리움에 10,000개를 발행하였는데, 발행 12시간 만에 전부 판매되었다. 소비자들은 구매한 NFT를 온라인 회의 등에서 활용할 수 있으며, 트위터는 2022년 1월부터 사용자 프로필 사진을 NFT와 연동하는 서비스를 시작하였다. 이러한 구매 경향에 대해 이경민(2022)은 '디지털 플렉스' 문화라고 명명하기도 하였다. 자신의 NFT 컬렉션을 디지털 가상 공간에서 알리고 공유하며 자기과시욕을 추구한다는 것이다.

이처럼 현재 디지털 공간에서 거래되는 NFT는 대부분 문화콘텐츠이다. 물리적 경험이 아닌 간접적인 경험과 소유도 유의미할 수 있는 주요 산업이 바로 문화콘텐츠 산업이기 때문일 것이다. 물론 NFT에 대한 불신과 논란도 적지 않다. 등장 초기에 NFT라는 기술을 이용하였다는 자체에 대한 열광으로 그 가치를 과대평가

하는 경향도 분명 있었다. 그러나 디지털 자산 소유권 등록을 위해 대중화된 첫 번째 기술이기에 NFT는 앞으로 문화콘텐츠 산업에 지속적으로 영향을 미치게 될 수밖에 없을 것이다. NFT에 대한 과대 포장과 거품은 시간이 지나며 점차 안정화되어 갈 것이다.

이미 NFT 시장의 과열을 경계하고 NFT는 디지털 자산의 실질적 가치를 인증하는 기술일 뿐임을 인지해야 한다는 목소리가 높아지고 있다. NFT화되어 35억 여 원에 팔렸던 트위터 창립자 잭 도시의 첫 번째 트위터 포스팅은 정확히 1년 후, 재판매 시장에 등장하였지만 최고 입찰가는 겨우 37만 원에 그쳤다. 이후 입찰 기간을 연장하였지만 최초 구매가로 다시 팔릴 수 있는 가능성은 매우 낮아 보인다.

그런가 하면 브리티시 뮤지엄(British Museum)의 호쿠사이 판화 NFT는 실제 판화의 디지털 이미지인데, 재판매 시장에 나온 작품 중에는 14만 8,000유로(약 2억 508만 원)까지 가격이 올라간 것도 있다. 기존 작품을 NFT화한 사례로는 벨베데리 미술관의 클림트 〈키스〉 NFT 상품을 들 수 있다. 원작 이미지를 10,000개로 조각내어 각 1,850유로(약 256만 원)에 판매하였는데, 발매 당일 약 37억 원치가 판매되었다(주연화, 2022).

이처럼 기획 단계부터 디지털 작품으로 디자인된 '태생적 디지털'(natively digital) 작품이나 물리적 원본이 있는 작품에 대한 한정판 디지털 에디션 등 희소가치가 있는 NFT 작품에 대한 관심은 지속적으로 유지되거나 더욱 커지고 있다.

문화콘텐츠를 중심으로 성장하고 있는 NFT 시장은 앞으로 문화콘텐츠 산업의 디지털 전환이 가속화될수록 점차 큰 역할을 하게 될 것으로 전망된다. 하지만 NFT와 같은 디지털 자산의 가치는 그것이 단순히 NFT 기술을 이용하였다는 사실이 아니라, 해당 기술이 소유권을 증명하는 디지털 자산 가치 자체에 있음을 유념해야 한다.

NFT의 사례를 통해 문화콘텐츠 상품을 소비하는 형태가 변하더라도 결국 문화콘텐츠 자체의 본질적 특성은 그대로 유지되고 있음을 알 수 있다. 가상 공간에서의 경험이 일상화되고 있는 현대의 문화를 반영하고 기술 혁신을 기반으로 하여 등장한 다양한 문화콘텐츠 NFT는 재판매나 경매, 디지털 플렉스 등의 새로운 문화를 만들어 내었다. 또한 NFT는 무형의 자산으로서 문화콘텐츠 상품의 특징 그대로를 드러내면서도 경험재적 특성을 지녀 구매 이후 NFT의 가치 변화가 어떻게 흘러갈지를 예측하기 불가능하다. 더불어 구매 활동 자체뿐만 아니라 구매 이후 NFT를 활용하는 방식에서 '놀이로서의 문화콘텐츠' 특징도 엿볼 수 있다. 또한 무한한 가치 확장의 가능성을 지닌다는 점에서도 문화콘텐츠의 본질적 특성을 공유한다고 하겠다.

NFT가 대중화된 이후에도 문화콘텐츠 산업에는 지속적으로 새로운 기술적 시도와 실험들이 지속될 것이다. 그러나 어떤 기술적 혁신도 문화콘텐츠의 본질에서 벗어난 성공을 기대하기는 어려울 것이다. 사람들이 영위하고 있는 문화를 반영하면서도 새로운 문화를 창출해 내는 문화콘텐츠를 만들기 위해서는 결국 모두의 공감을 얻어낼 수 있는 보편성과 새로운 경험을 선사할 수 있는 차별성의 토대가 기본이 될 것이다. 문화콘텐츠를 통한 색다른 경험을 좇는 소비자들의 여정은 어떤 차원의 공간에서든 계속될 것이기 때문이다.

14. 문화콘텐츠를 만드는 이들

일을 하며 재미를 추구하다

1인 크리에이터나 웹툰 작가, 콘서트 기획자, 방송 제작자 등과 같은 문화콘텐츠 산업 내의 창의적 직업들은 겉으로 볼 때 무척 화려하고 자유로워 보인다. 실제로 한국의 콘텐츠 기업들이 모여 있는 서울 마포구 상암동의 디지털미디어시티(DMC)를 점심시간쯤 거닐어 보면 대한민국의 문화콘텐츠 산업 종사자들이 향유하는 자유로운 문화를 눈으로 확인할 수 있다. 그들의 업무 시간과 자유 시간의 경계는 흐릿하고, 업무 복장 역시 대학생과 크게 차이가 없다. 회사 내부의 휴게 공간은 카페와 다름없이 감성적으로 꾸며져 있고, 동료 간의 소통도 편안해 보인다. 이들은 자신이 좋아하는 일을 직업으로 삼아 일을 통한 재미를 추구하며 즐겁게 살아갈 것 같은 이미지도 강하게 가지고 있다.

최근 방영된 tvN 드라마 〈연예인 매니저로 살아남기〉(2022)는 배우와 매니저, 기획자 등의 콘텐츠 산업 내 창의적 직군 종사자들의 업무 일상을 면밀하게 담아냈다. 다양한 소재들을 통해 해당 드라마는 엔터테인먼트업계의 일은 분명 고되지만, 자신이 좋아하는 일인 만큼 큰 재미와 보람을 느낄 수 있다는 것을 강조한다. 전국의 많은 문화콘텐츠 관련 학과 학생들 역시 이처럼 자신이 좋아하는 일을 직업으로 삼기 위해 고군분투하고 있다. 지속해서 성장하고 있는 산업 속에서 개인의 발전은 물론 사회의 발전에도 동참하고자 하는 것이다.

문화콘텐츠 산업의 창의적 직군들처럼, 개인의 창의성을 발휘할 기회가 많은 직업을 가진 이들은 일을 하며 돈이나 명성과 같은 외적 보상(external rewards)에 못지않게 개인적 만족이나 기쁨, 즐거움과 같은 내적 보상(internal rewards)을 강하게 추구하는 경향이 있다. 이러한 창의 노동 시장에 진입하고자 하는 이들은 개인적 재미를 느낄 수 있는 일을 한다는 것을 매우 중요하게 생각하기에 객관적인 노동 조건이나 급여 수준이 특별히 뛰어나지 않아도 직업에 대해 매우 높은 수준의 만족감을 경험한다(안채린, 2017; Hesmondhalgh and Baker, 2010).

그러나 문화콘텐츠 산업에서 창의적 일을 하는 과정은 그렇게

낭만적이지만은 않다. 제작 일정과 예산은 늘 빠듯하고, 매일 빠르게 변화하는 콘텐츠 산업의 환경에서 다양한 주체 간의 경쟁은 지속적으로 심화되고 있다. 더불어 비정규직과 프리랜서 고용이 일반화되어 감에 따른 고용 불안이 증가하고 있으며, 높은 노동 강도와 긴 노동 시간에 비해 경제적 보상도 그리 높지 않다.

일을 하며 개인의 만족이나 재미를 추구하는 것도 사실 제한적 수준일 수밖에 없다. 일례로 '전 국민의 유투버화'라는 표현이 있을 만큼 개인 영상 채널 운영이 일반화되어 가고 있는 현재, 많은 청년들이 1인 크리에이터로의 진로를 설정하고 있다. 아마도 대부분은 전업 크리에이터가 되면 자유로운 삶을 살며 자신이 흥미를 느끼는 주제의 영상을 제작하여 많은 대중들과 소통하면서도 생계를 유지할 수 있을 만큼의 충분한 소득을 얻는 삶을 꿈꾸고 있을 것이다.

하지만 실제 1인 크리에이터들이 맞닥뜨리고 있는 현실은 이상과는 다소 차이가 있다. 자신이 원하는 일정에 맞추어 원하는 만큼 자유롭고 낭만적으로 일을 하기보다 당장 눈에 보이는 구독자 수와 영상 조회 수를 높이기에 급급한 제작 과정을 경험할 가능성이 높다. 일부 셀러브리티들이 운영하는 인기 채널 외에 유의미한 수익을 창출할 수 있는 성공을 거둘 확률은 매우 낮다. 유튜브 통계업체 플레이보드에 따르면 2021년 1월 유튜브 영상에 광고를 붙일 수 있는 기준(구독자 1,000명, 누적 시청 시간 4,000시간 이상)을 넘긴 국내의 유튜브 채널은 10만 370개인데, 그 중 구독자 10만 명 이상을 확보해 '실버 버튼'을 받은 유튜브 채널은 약 0.5%(4,986개)에 불과하다. 크리에이터 간의 소득 격차도 크다. 국세청 자료에 따르면 1인 전업 크리에이터 중 상위 1%는 월평균 약 1,800만 원의 수익을 올리지만, 전체 크리에이터의 절반은 월 100만 원도 벌지 못하는 것으로 나타나고 있다(조선일보, 2021. 2. 24).

이러한 현실 속에 많은 크리에이터들은 비록 처음에는 운영자 스스로가 좋아하고 재미를 느끼는 내용의 콘텐츠를 제작하였더라도 시간이 흐를수록 구독자와 일반 대중들의 관심을 끌 수 있는 주제와 방식을 함께 고려하며 스스로의 관심사나 재미를 추구하는 것을 타협하거나 포기하게 될 확률이 높다. 상황이 이렇다 보니 조회 수가 높게 나오는 콘텐츠를 만들기 위해 자극적인 콘텐츠들을 통해 사회적 물의를 일으키는 경우가 종종 발생하기도 하는 것이다. 이처럼 어떤 장르이든 문화콘텐츠 생산자들은 대중의 관심과 수익 창출 목표라는 여러 제한의 틀 속에서 자신의 재미를 추구할 수밖에 없는데, 그 과정 속에서 수많은 타협과 갈등을 경험하게 된다.

그럼에도 불구하고 많은 문화콘텐츠 산업 종사자들은 일을 통해 자신만의 재미를 어느 정도 추구할 수 있는지 여부를 매우 중요하게 여기며, 다소 제한적 수준이더라도 경험할 수 있을 때 직업에 대한 만족감을 높게 느끼는 경향이 크다(안채린, 2017). 이러한 자발적인 '재미의 추구' 과정이 우리가 즐겁게 보는 수많은 문화콘텐츠들을 만들어 내는 과정에서 핵심적 동력으로 작동하는 것을 부정하기는 어렵다.

그래서일까? 문화콘텐츠 산업 내 노동 시장의 허약성이 어느 정도 알려진 지금도 창의적 직군에 종사하고자 하는 이들은 줄어들지 않는 것 같다. 오히려 디지털 미디어 환경을 기반으로 문화콘텐츠 산업 노동 시장의 진입 장벽이 낮아지면서 점차 더 많은 청년들이 문화콘텐츠 영역으로의 진출을 꿈꾸고 있다. 이는 전국의 많은 대학들이 문화콘텐츠나 영상 관련 전공 학과 및 학부를 확대 개설하는 경향만 보더라도 충분히 가늠해 볼 수 있다.

문화콘텐츠 산업에서 콘텐츠는 여전히 '왕'일까? 과거에는 'content is the king'(콘텐츠가 가장 중요하다)이라는 표현이 공식처럼 받아들여졌고, 콘텐츠를 만드는 이들의 중요성도 어느 정도 인정을 받았다. 하지만 최근 OTT와 같은 신규 콘텐츠 플랫폼들의 폭발적인 성장으로 인해 알고리즘을 통해 권유되는 개인 맞춤형 콘텐츠 소비의 중요성이 높아지면서 더 이상 콘텐츠 자체의 가치가 중요하지 않고, 어떤 콘텐츠를 어디에 런칭할 것인가를 결정하는 능력이 중요하다고 보는 시각이 우세하게 되었다('context is the king' – 어디에 팔 것인가를 결정하는 맥락이 가장 중요하다). 콘텐츠를 잘 만드는 것보다 잘 파는 것의 가치가 더욱 높아진 것이다.

그러나 지금 다시, 문화콘텐츠의 시대가 열리고 있다. 플랫폼 간의 경쟁이 심화되고, 소비자들이 보다 능동적으로 자신이 원하는 콘텐츠를 찾아서 플랫폼을 선택하게 되면서 플랫폼 운영자들은 새로운 고객을 이끌고 유지하기 위한 전략으로 새롭고 차별적인 콘텐츠 제작에 심혈을 기울이고 있다. 문화콘텐츠 자체의 중요성이 다시금 부각되고 있는 것이다. 애플TV+의 〈파친코〉(2022), 디즈니+의 〈카지노〉(2022~2023), 넷플릭스의 〈더글로리〉(2022~2023)를 비롯한 수많은 오리지널 시리즈 제작의 경향이 이를 뒷받침해준다.

앞서 제11장에서 언급하였듯 인공 지능과 실감 미디어 기술의 발전 등으로 문화콘텐츠 산업 내 창의 노동자들의 역할이 줄어들 것이라는 전망이 적지 않은 것이 사실이다. 그러나 문화콘텐츠의 핵심적 가치는 지금도 여전히 스스로 일의 재미를 느낄 줄 아는 종사자들의 창의적 역량에 의존하고 있다. 신기술을 활용하는 방법과 방향성을 결정하는 것은 결국 그곳에서 일을 하는 사람들이기 때문이다. 이들의 역량을 발전시키는 데 가장 중요한 원동력이 '일을 하며 재미를 추구'할 수 있는가의 여부라면(비록 제한적인 수준이더라도), 문화콘텐츠 산업의 지속적 발전을 위해서 조직과 사회 차원에서 수행되어야 할 일 역시 그들이 자신의 일을 계속 즐길 수 있도록 돕는 일일 것이다.

이러한 의미에서 본다면 최근 문화예술 용역 계약의 개념이 공식적으로 인정되고 문화예술 분야의 프리랜서 및 비정규 종사자들을 위한 예술인 고용보험 제도가 시행되고 서서히 자리를 잡아가고 있다는 것은 무엇보다 반가운 소식이다. 문화콘텐츠를 기획하고 생산하는 과정의 특수성을 인정하고 이들 과정이 보편적인 사회 복지의 영역에 포섭될 수 있도록 하는 것은 매우 중요한 발걸음이다.

문화콘텐츠를 만드는 이들이 스스로의 '재미'에 충분히 몰입하여 보편적이면서도 차별적인 콘텐츠를 만들어 낼 때, 콘텐츠 생산자 개인의 만족은 곧 문화 소비자들의 만족으로 이어지며, 궁극적으로는 문화콘텐츠 산업의 성장과 발전을 이끌어 낼 수 있는 새로운 콘텐츠의 탄생으로 연결된다. 수많은 문화 소비자들이 콘텐츠를 중심으로 모여들어 새로운 가치를 만들어 내는 과정의 시작

점은 지금도 여전히 콘텐츠 생산자가 만들어 내고 있다.

콘텐츠 자체의 중요성이 재조명되는 지금, 문화 생산자와 소비자, 시장을 유기적으로 매개하는 주체인 문화콘텐츠 산업의 창의 노동자들을 다시 주목해야 할 것이다. 그들이 계속해서 스스로의 재미를 추구하며 보편적이고도 차별적인 콘텐츠를 계속해서 만들어 낼 수 있는 환경을 구축할 수 있는지가 앞으로 한국 문화콘텐츠 산업의 세계적 성패를 좌우할 매우 중요한 질문이 될 것이다.

참고문헌

논문 및 단행본

고정민·정유나(2020), 〈인공지능 발전에 따른 문화예술콘텐츠의 미래 시나리오〉, 《디지털융복합연구》, 18(12), 47~57.

김평수·윤홍근·장규수(2018), 《문화콘텐츠산업론》, 서울: 커뮤니케이션북스.

데이비드 색스(2017), 《아날로그의 반격》, 서울: 어크로스.

안채린(2017), 〈일로부터 추구하는 '재미'의 중요성 – 칭의 노동과 내재직 동기의 관계에 대한 고찰〉, 《문화경제연구》, 20(3), 115~144.

Hesmondhalgh, D. and Baker, S.(2010), *Creative labour: media work in three cultural industries*, Routledge.

Jenkins, H.(2008), *Convergence Culture: Where Old and New Media Collide*, NYU Press.

Maslow, A. H.(1943), "A theory of human motivation," *Psychological Review*, 50(4), 370~396(https://doi.org/10.1037/h00543465).

Rifkin, J.(2000), *The age of access : the new culture of hypercapitalism where all of life is a paid-for experience*, J. P. Tarcher/Putnam.

Porter, Michael(1985), *The Competitive Advantage: Creating and Sustaining Superior Performance*, NY: Free Press.

인터넷 자료

위정현(2022. 4), 〈메타버스와 문화예술〉, 《예술경영》, 480호, 예술경영지원센터.

이경민(2022), 〈온라인 미술시장과 기술, 디지털아트 팬데믹과 NFT

의 영향을 중심으로〉, 한국문화관광연구원 웹진.
주연화(2022), 〈예술현장에서 NFT는 어떻게 활용되고 있나?〉, 《예술경영》, 480호, 예술경영지원센터.
한국국제문화교류진흥원(2022), 《2021 한류백서》.
한국콘텐츠진흥원(2022), 《2021년 하반기 및 연간 콘텐츠산업 동향분석 보고서》.
시사경제용어사전, 〈프로도 경제효과〉(https://www.moef.go.kr/sisa/dictionary/detail?idx=2794).
한동원(2005), 〈문화상품의 해외 진출 활성화 방안 연구 - 한류를 중심으로〉, 국회문화관광부.
현대경제연구원(2018), 《방탄소년단(BTS)의 경제적 효과》.
홍기훈(2022), 〈NFT와 예술산업의 미래〉, 《예술경영》, 480호, 예술경영지원센터.

신문기사

아시아경제(2022. 3. 23), 〈지난해 최다 N차 관람 공연은?〉(https://www.asiae.co.kr/article/2022032311030384696).
조선일보(2022. 2. 24), 〈실버버튼 0.5%를 뚫어라 … '초등생 장래희망' 전업 유튜버의 이면〉(https://www.chosun.com/national/national_general/2021/02/24/IPJKYJXXVRACDE7RQKETQBMZI4/).
조선일보(2022. 7. 19), 〈영화 N차 관람 비율 외〉(https://www.chosun.com/culture-life/culture_general/2022/07/19/ZTAF4GTFOVDUPKZWBNSOSGV6MA/).
중앙일보(2019. 2. 16), 〈외국인들 눈엔 좀비보다 갓 … '모자의 킹덤' 조선에 반했다〉(https://www.joongang.co.kr/article/23375772#home).